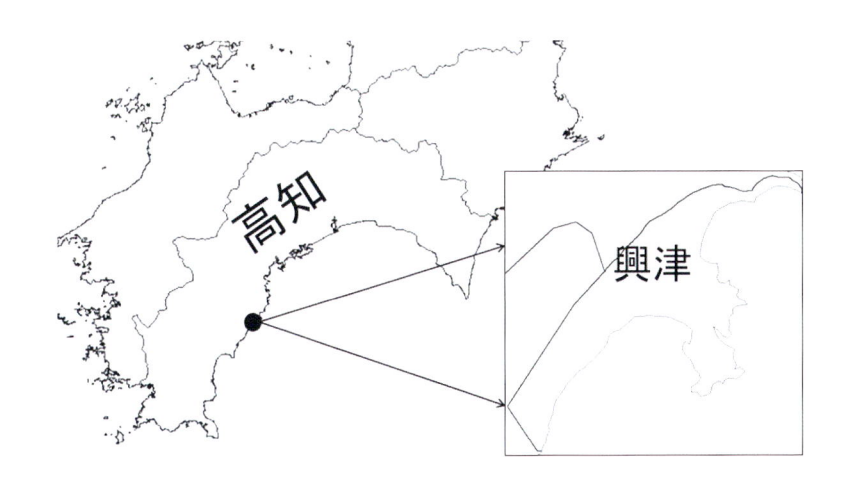

口絵① 高知県四万十町興津地区。正面が太平洋、左側の入り江が漁港、右側の浜が「小室の浜」、手前の山道が地区への唯一のアクセス道路

口絵② 子どもがサポートする個別避難訓練のようす（写真使用については関係者全員の許諾を得ている）

口絵③ 動画カルテのサンプル。地図の下方から迫ってくる紺色の部分が津波浸水域（制作：京都大学防災研究所矢守研究室、タニスタ、NHK大阪放送局）

口絵④　京都大学防災研究所阿武山観測所

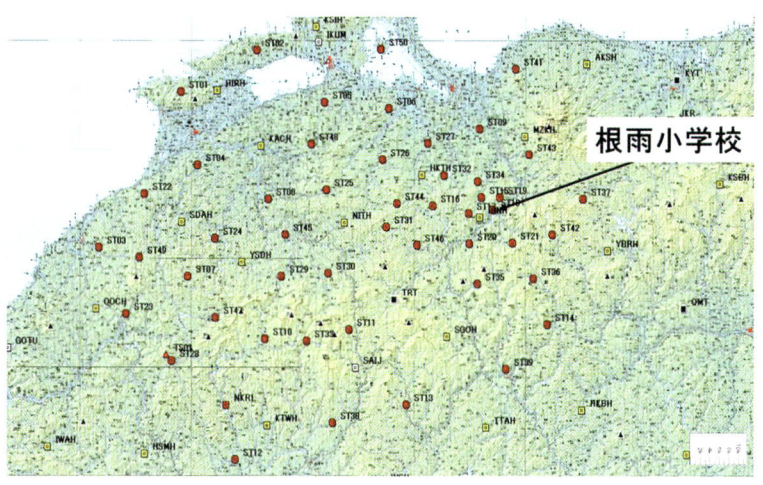

口絵⑤　鳥取県西部での満点計画。多数の満点地震計が集中的に設置されている

口絵⑥　住民・自治体・気象台を主体とする地域気象情報の関係（気象情報の出典は、気象庁ホームページ）

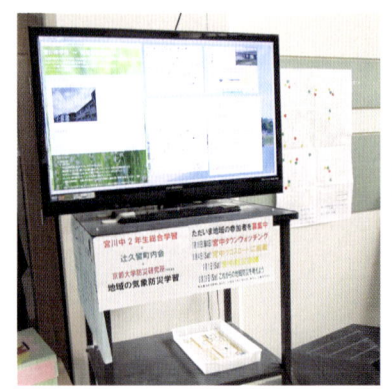

□ 地域情報（地域の状況や被害など）　■ 気象情報（自然現象や注意点など）

口絵⑦　宮川中学校の下駄箱横（左写真）と、スーパーマーケット入り口（右写真）に設置されている、地域気象情報モニター

口絵⑧　防災教材「クロスロード：大洗編」のパッケージ

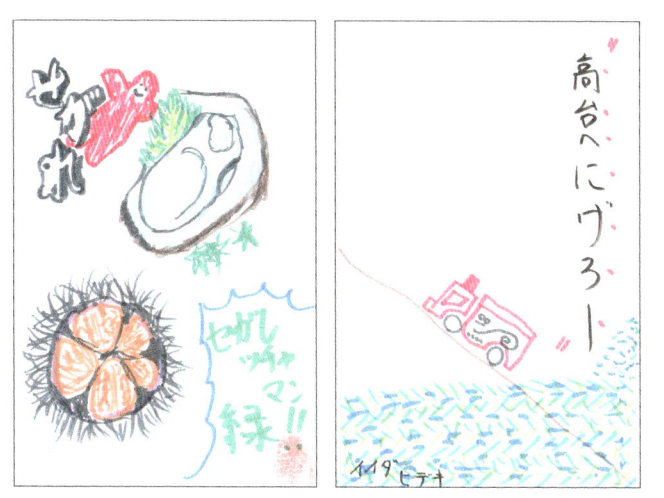

口絵⑨　設問作成者が自ら描いた設問カード。裏面に設問文が印刷されている

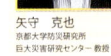

口絵⑩ 「ぼうさい夢トーク」のポスター

現場(フィールド)でつくる減災学

共同実践の五つのフロンティア

矢守克也・宮本匠 [編]

>>>>>

目次

1章 減災学をつくる　矢守克也

1 五つのフロンティアを概観する …… 2
1-1 はじめに 2
1-2 減災社会プロジェクト 2
1-3 個別避難訓練タイムトライアル(2章) 3
1-4 サイエンスする市民(3章) 5
1-5 地域気象情報というコミュニケーション(4章) 6
1-6 被災地の住民がつくる防災教材(5章) 7
1-7 ことばによる減災アクション(6章) 9
1-8 減災学がめざすもの(7章) 10

2 「減災」について再考する ── そのための三つの視点 …… 11
2-1 プラスチックワード 11
2-2 第一の視点 ── コミュニケーション 13
2-3 第二の視点 ── ツール 16
2-4 第三の視点 ── コンセプト 20
2-5 何のための減災か 23

2章 個別避難訓練タイムトライアル　孫 英英

1 訓練当事者の主体性を取り戻すには …… 28
2 研究フィールドの概要 …… 30
3 個別避難訓練と動画カルテ …… 31
3-1 個別避難訓練の実施の流れ 33
3-2 動画カルテの作成 34
4 個別避難訓練における「主体性」の回復 …… 35
4-1 Aさんの事例 35
4-2 Bさんの事例 39
4-3 Cさんの事例 41

5 まとめ …… 45

3章 サイエンスする市民　矢守克也・岩堀卓弥

1 はじめに …… 50
2 阿武山観測所サイエンス・ミュージアム化構想 …… 52
　2-1 始動（2011年度）── 観測施設からアウトリーチの拠点へ　52
　2-2 転機（2012年度）──《阿武山サポーター》の誕生　55
　2-3 発展（2013年度以降）──《サポーター》が自ら、そして外へ　61
3 満点計画学習プログラム …… 65
　3-1 「満点計画」とは？　65
　3-2 小学生が担う地震観測　67
　3-3 満点計画学習プログラム　69
　3-4 「担う」ことがもたらすこと　71
　3-5 試行錯誤と今後の展望　74

4章 地域気象情報というコミュニケーション
竹之内健介

1 はじめに …… 82
　1-1 あなたにとって気象情報はどんなもの？　82
　1-2 地域の歴史と減災とのかかわりについて　83
2 地域気象情報とは …… 86
　2-1 リスク・コミュニケーションの観点からみた気象情報　86
　2-2 地域気象情報に含まれる三つの視点　90
3 伊勢市中島学区での取り組み …… 95
　3-1 伊勢市中島学区の地理的特徴　95
　3-2 取り組み①── 生活防災　97
　3-3 取り組み②── 防災イベント　98

3-4 取り組み③ ── 地域気象情報　98
3-5 伊勢市中島学区における現在の取り組み　105
4 地域気象情報がめざす社会のすがた …… 106

5章 被災地の住民がつくる防災教材　李　旉昕

1 はじめに …… 110
1-1 複合災害時における判断の難しさ　110
1-2 「住民主体」とは何か　111
2 「クロスロード：大洗編」を導入するまで …… 112
2-1 茨城県大洗町の地理的特徴と被災状況　112
2-2 大洗町の復興に向けた地域の取り組み　113
3 「クロスロード：大洗編」の取り組み …… 116
3-1 「クロスロード」とは何か　116
3-2 「大洗編」の実践　117
3-3 「大洗編」の効果と反響　125
4 「クロスロード：大洗編」の意義 …… 128
4-1 明確化・可視化　129
4-2 共通化・共有化　129
4-3 主体化　130
5 今後に向けて …… 131

6章 ことばによる減災アクション　近藤誠司

1 はじめに …… 134
2 ことばの創造力 …… 135
3 「ぼうさい夢トーク」におけることば …… 138
3-1 等身大のことば　138
3-2 科学者である前に人である　141

3-3 過去の交絡 —— 人としての歩み　143
3-4 未来の交絡 —— 夢見ることばたち　146
3-5 当該実践の創造的なポテンシャル　150

4 「KOBE虹会」におけることば …… 152
4-1 溶け合うことば　152
4-2 現在の交絡 —— あるいは、他者との交歓　154
4-3 当該実践の創造的なポテンシャル　161

5 ことばの世界を超えて …… 163

7章　減災学がめざすもの　宮本　匠

1 防災と減災 …… 166
2 孤独死が問いかけたもの …… 168
3 減災の主体 …… 170
4 減災と復興 …… 173
5 「Xがない」問題 …… 177
6 減災の主体形成 …… 179
7 「めざすかかわり」と「すごすかかわり」 …… 184
8 本書の結びに …… 187

あとがき
文　献

■装幀＝桂川　潤

- 新潟県長岡市（7章）※木沢集落
- 京都府京丹波町（3章）※下山小学校
- 鳥取県日野町（3章）※根雨小学校
- 茨城県大洗町（5章）
- 大阪府高槻市（3章）※阿武山観測所
- 三重県伊勢市（4章）※中島学区
- 兵庫県神戸市（6章）
- 高知県四万十町（2章）※興津地区

1章　減災学をつくる

矢守克也

1 五つのフロンティアを概観する

1-1 はじめに

　本章では、本書の内容全体への導入とガイドを兼ねて、二つの作業を行います。

　前半（1節）では、この後、2章〜6章で紹介する減災学の五つのフロンティア、および、それを受けたまとめの章（7章）の内容について、具体的に、かつ簡単に内容を要約します。「ここがこの章のハイライトです」という形で、私なりのお勧めポイントも示します。それぞれの章は独立して読んでいただけますが、まず、このパートに目を通していただくと、本書の概要についておおまかなイメージをもっていただくことができると思います。

　後半（2節）では、本書が全体として何をめざしているのかについて示します。このパートでは、近年、「防災」に代わってよく使われるようになった「減災」という言葉や考え方について、「防災から減災へ」というシフト（移行）を基本的には前向きに評価し歓迎しつつも、「減災」の考え方の大前提となっている事がらについて、敢えて再考してみることにします。具体的には、三つの視点 ── コミュニケーション、ツール、コンセプト ── から減災について深く掘り下げて考えることで、真の「減災学」をつくっていくための道筋をつけてみたいと思います。このため、この後半には少し抽象的な議論も交えますので、その点どうかご了解ください。

1-2 減災社会プロジェクト

　本書では、私の研究室（京都大学防災研究所矢守研究室）で、この4年間、「減災社会プロジェクト」という看板のもとで進めてきた減災のための実践的な研究を「減災学の五つのフロンティア」として紹介します。なお、「減災社会プロジェクト」は、文部科学省の特別経費による支援を受けた研究プロジェクトで、その正式名称は、「巨大地震津波災害に備える次世代型防災・減災社会形成のための研究事業 ── 先端的防災研究と地域防災活動との相互参画型実践を通して」

という長いものです。

　2章〜6章では、五つのフロンティアの具体的な内容について述べます。まだ多くの課題を抱えていますし、不十分な点は今後修正していかねばならないことは十二分に自覚しつつも、敢えてフロンティアと銘打ってみました。それは、研究室にゆかりのある若手研究者および学生たちが、それぞれに先駆的かつ挑戦的なことに取り組んでくれているとの自負あってのことです。

　また、五つのフロンティアの舞台となっているフィールドは、地域特性も直面している課題もそれぞれ多種多様です。研究や実践のスタイルもまちまちです。しかし、読者諸賢には、そこに共通する匂いや一貫する哲学のようなものをあわせて感じとっていただけるものと思います。それを文字にしたものが、この1章の後半（2節）、および、「減災学がめざすもの」と題された総まとめの章（7章）だと考えていただければ幸いです。

1-3　個別避難訓練タイムトライアル（2章）

　2章では、研究室で開発した「個別避難訓練タイムトライアル」という名の、新しい種類の避難訓練を取り上げています。本研究の舞台は、高知県にある四万十町興津地区です。太平洋に面し三方を山に囲まれた、人口約1000人の集落です。南海トラフ巨大地震が発生したときには、大きなゆれと巨大な津波に襲われると想定されている地域でもあります（口絵①）。

　さて、避難訓練には多くの人が参加することが多いですが、個人（または家族）で行う点が、この訓練の大きな特徴です。訓練者は、自宅の居間などから高台など避難場所まで実際に逃げてみます。その一部始終を、地元の小学生たちがビデオカメラで撮影します（口絵②）。2台のカメラを用い、1台は逃げる人の表情を、もう1台は周囲の状況を撮影します。さらに別の子どもが、その時々の状況をメモします。「そろそろ疲れてきた」「ブロック塀が崩れる危険性あり」といった具合です。そして、時計係が避難に要した時間を計ります。

　こうした作業をすべて小学生に依頼したのは、訓練を支援すること

1章　減災学をつくる

自体が絶好の防災学習にもなると考えたからです。また避難する人には、GPS（現在位置を測れる装置）を身につけてもらい、何分後にどこにいたかが後から地図上に表示されます。

　以上の結果を、「動画カルテ」と呼ぶ映像にまとめます（口絵③）。画面は4分割されています。左上の画面には1台目のカメラ映像が、右下の画面には2台目のカメラ映像が、右上の画面には訓練者の言葉と子どもたちからのコメントが、そして、左下の画面には上述の地図が映しだされています。画面中央に時計表示があって、四つの画面はスタートからゴールまでずっと連動して動きます。

　さらに、この地図には、津波浸水シミュレーションの映像が、訓練者の実際の動きと重なって表示されます（口絵③の、地図の下方から迫ってくる紺色の部分）。だから、たとえば、「ここまで逃げたときに、自宅にはすでに津波が押し寄せてきている、間一髪だった」といったことが一目瞭然でわかります。

　これを、「動画カルテ」と呼んだのは、一人ひとりの避難の課題がそこに集約されているからです。医師が患者の状態を個別にカルテに記録するイメージです。これを通じて、住民一人ひとりに寄り添って、本当に逃げられるのか、どこに注意が必要かについて細かく探り、問題解決を図っていこうというねらいが、この取り組みには込められています。

　2章で注目いただきたいのは、言うまでもなく「動画カルテ」という映像ツールです。特に、この映像が、専門家と非専門家の共同作業（コミュニケーション）があってはじめてできあがる点が大切です。つまり、一方で、専門家（研究者）が津波浸水シミュレーションを作成する必要があります。このシミュレーションは、今心配されている南海トラフ巨大地震に伴う津波に関する政府発表の想定をもとに、私の研究室の鈴木進吾助教（現所属：防災科学技術研究所）が作成してくれました。他方で、同時に、非専門家（地域住民）が訓練に参加してくれないと、避難行動の記録が地図に描き込めませんし、子どもたちの協力がなければコメントも抜け落ちてしまいます。これでは、「動画カルテ」も画竜点睛を欠くことになります。

1-4　サイエンスする市民（3章）

　3章では、相互に密接に関連する二つの研究プロジェクトについて紹介します。テーマは、地震学に関するサイエンス・コミュニケーション、つまり、地震学が生み出した知識を広く社会に普及させることです。

　前半（3章2節）の舞台は、京都大学防災研究所阿武山観測所です（**口絵④**）。この観測所は80年以上前に建設され、日本における地震学の草創期に導入された歴史的な地震計が当時の姿のままで多数保存されています。近年、実際の観測拠点が別の場所に移されたこともあって、一時は「役割を終えたのでは」との声もあったこの観測所を、地震学の今を伝えるサイエンスミュージアムとして再生させるプロジェクトが、3章前半のテーマです。

　このプロジェクトの背景には、もちろん、東日本大震災の発生があります。当時聞こえてきた、そして今も耳にする、「防災学は社会の役に立っているのか」「地震学はきちんとリスクを伝えてきたのか」——このような反省の弁は、まさに「減災学」の根幹に触れるものだからです。今こそ、科学と社会、あるいは防災の専門家と一般の人とをしっかりとつなぎ直し、両者の関係を根本から再構築することをめざした試みをスタートすべきではないか。そのような思いから展開しているプロジェクトです。現在では、観測所のミュージアム機能、たとえば、来館者に対して提供される地震学に関する基礎レクチャーや地震計の見学ツアーのほとんどを、「阿武山サポーター」と呼ばれるボランティアスタッフが担うまでになっています。

　後半（3章3節）で紹介するのは、小学校に最新の地震計を設置して小学生たちが地震観測活動にタッチする活動を扱ったアクションリサーチです。この地震計は、防災研究所地震予知研究センターの飯尾能久教授が中心になって進めている「満点計画」（次世代型稠密地震観測）と呼ばれる研究活動の中核となる機器です。「満点計画」とは、新たに開発された小型・安価で保守の容易な地震計を数多く（万点）に設置して充実した観測網をつくることによって、理想的な、つまり、百点満点の地震観測を行おうという計画です（**口絵⑤**）。

ところが、大きな問題が一つ。設置場所の確保に苦労しているというのです。この話を聞いて、私は「それなら、学校に置いてはどうか」と思い立ちました。そうすれば、地震研究者は設置場所を確保できるし、地震計の保守やデータ回収作業も省力化できる。これらの作業は、小学生にも十分担うことができる程度にまで簡素化されているからです。他方で、学校側にとっても、「満点計画」は、お定まりの避難訓練に代表される陳腐な防災教育に新風を吹き込むメリットがあります。「理科離れ」対策にもなりそうです。これぞ一挙両得の計なりと意気込んだわけです。

　3章のポイントは、上で2回使った「担う」という言葉に端的に表現されています。小学生が、これまで研究者（専門家）だけが行なってきた観測活動を、そのほんの一部ではあるけれど「担う」こと、あるいは、地震学の素人、つまり「阿武山サポーター」が、観測所のミュージアム機能を「担う」こと —— こうした「担う」活動こそが、専門家（玄人）と非専門家（素人）との関係や、両者の間のリスク・コミュニケーションのあり方を、その基盤部分から変革していくことにつながります。

1-5　地域気象情報というコミュニケーション（4章）

　4章では、気象災害を取り扱います。キーワードは、「地域気象情報」です。「××川が氾濫注意水位に達しました」のような、素人にはよくわからない（ことが多い）情報ではなく、「××橋のオレンジの線まで水位が上がっています」のように、素人（地域住民）が日頃から見慣れている事がらを利用した気象情報を、地域住民、地元行政、さらに気象や河川の専門家が共同でつくること（「地域気象情報の共同構築」と呼ばれます）が当座の目標です。その上で、地域気象情報を用いて、洪水、土砂災害などの気象災害の軽減をめざそうというわけです。具体的には、三重県伊勢市を流れる宮川流域の中島学区をフィールドとして、これまでにないタイプの新しい気象情報、つまり、「地域気象情報」を生み出すための事前の基礎調査と、地域気象情報を共同でつくるためのワークショップなどが行われてきました。4章では、

その様子について報告します。

　さて、現在、気象情報やそれと連動した避難情報の分野では、急速に情報の高度化・迅速化・体系化が進んでいます。そういえば、わずか数年の間に、ずいぶんと新しい情報が世に出てきました。たとえば、「記録的短時間大雨情報」「特別警報」「避難準備情報」「タイムライン」—— これらについて、その意味するところを正確に理解し、実際に使いこなすことができる人（特に、素人）が、いったいどのくらいいるかと問うてみますと、ちょっと悲観的な気持ちにもなります。そして、このことが、気象災害情報をめぐる社会的な課題 —— たとえば、「正常性バイアス」や「情報待ち」による避難の遅れ、「空振り・見逃し」をめぐって専門家や行政と地域住民との間で生じがちな相互不信や批判合戦など —— の一因になっています。

　4章の注目点は、もちろん、これまでにはない新しい気象情報、すなわち、「地域気象情報」です。「地域気象情報」は、従来、気象関連情報の作成・伝達を一手に担っていた専門家たち（たとえば、気象庁や河川管理者）から発表される従来型の情報（たとえば、「大雨警報」や河川水位情報）だけでなく、これまで、こうした情報の受け手（消費者）としてのみ位置づけられていた地域住民が自らも関与して生み出す情報（口絵⑥、⑦）です。この点に十分留意していただきたいと思います。しかも、単に、これら二つの情報（専門家発の情報と地域住民由来の情報）を併用するのではなく、両者の対応関係を関係する当事者たちが密に「コミュニケーション」しながら共同でチェックする点、かつ、相互チェックをもとにして、最終的な情報表現についても両者が共同で検討しようとしている点が大きな特徴です。

1-6　被災地の住民がつくる防災教材（5章）

　5章の舞台は、茨城県大洗町です。大洗町は、東日本大震災を引き起こした地震・津波で大きな被害を受け、原発事故に伴う風評被害にも悩まされてきた町です。5章では、この町で実施したフィールド調査やワークショップを中核とする長期にわたる実践的研究の成果について報告します。具体的には、阪神・淡路大震災をきっかけに私たち

が開発した防災教材(ゲーム)「クロスロード」の枠組みを活用して、大洗町の住民が自らの被災体験や復旧・復興の過程で出会った出来事をもとに、「クロスロード:大洗編」を作成した実践についてレポートします(口絵⑧)。「クロスロード」がどのような「ゲーム」なのかということについては、5章3-1節(116ページ)を参照ください。

「クロスロード:大洗編」に収録された設問を少しだけ紹介しましょう。「あなたは消防団員。大地震が発生し、津波警報も出た。沿岸部で車の避難誘導をしている最中に、20分後に津波が到達するという情報を受けた。先に避難するか? それとも、避難誘導を続けるか? ⇒YES 避難する NO 誘導を続ける」「あなたは漁師。現地の漁業は原発事故により風評被害を受けている。Facebookで情報発信して安全性をアピールしようと思うが、かえって風評被害を大きくしてしまう恐れもありそう。あなたはどうする? ⇒YES 情報発信する NO 情報発信しない」。

これらは二つとも、大洗町の住民が実際に自分で経験したことを、経験者自身が設問化したものです。「クロスロード」は、このような、実話に基づく二者択一型の困難な選択場面について、関係する多様な当事者 ── 地域住民はもちろん、行政職員、外部からの支援者、マスメディアの関係者など含めて ── が話し合うことを通じて、防災・減災や復旧・復興をめぐる課題に関する情報共有や問題解決を図ろうとするコミュニケーション重視の教材です。

5章で注目いただきたいのは、「クロスロード:大洗編」では、これまでの「クロスロード」とは異なり、体験者自らが減災のためのツールづくりに深く関与している点です。設問自体を体験者自身が作成したことは先述のとおりです(これまでは、体験者への聞き取りをベースにしながらも、主として研究者が設問を作成していました)。さらに、「クロスロード:大洗編」には、体験者自身が画面に登場する解説ビデオ(「復考大洗 ── あの日あの時の本人解説動画」)という新基軸も導入しました。つまり、既存の「クロスロード」を含めて、減災活動のための従来のツールは、ふつう、災害を経験した人(たとえば、被災者)、ツールをつくった人(たとえば、研究者)、ツールの使

用者（たとえば、未来の災害に備えようとする人）はそれぞれ別の人という構図のもとで利用されてきました。これに対して、「クロスロード：大洗編」では、これら三者がすべて重なりあっているのです。

1-7　ことばによる減災アクション（6章）

　6章では、「ことばによる減災アクション」が2例紹介されます。これらの取り組みでは、命を救うための何らかのツールをつくったり、訓練をしたり、改善をしたり……、そうしたことは一切行われていません。とことん「ことば」にこだわってみる。たったそれだけのアプローチから、新機軸を切り開いていこうとしています。

　前半では、「ぼうさい夢トーク」というラジオ番組の制作を通して、従来の"防災業界"が取りこぼしてきた「ことばの可能性」を探っています（口絵⑩）。このラジオ番組では、防災に携わる科学者たちに連続的にロングインタビューを行なっています。そこでは、科学者になる前のこと（過去）、いま向き合っていること（現在）、将来の夢（未来）を、セットで丹念に聞き出しています。

　キーワードは、「等身大の／人として」。科学者である前にひとりの人として、語ってもらう。その「ことば」のうちに「人となり」もあらわれる。これらのことをすべて含み込んだ中で、科学の営みの本源に迫ろうという試みです。「知見」やら「情報」やらとして切断された無謬の科学ではなくて、血の通った「社会の中の科学」を実感することから、ポスト3.11にふさわしい真の「リスク・コミュニケーション」を取り結んでいこうとしています。

　後半は、「KOBE虹会」というユニークなグループ ── 正確には「場」と表現したほうが適切でしょう ── の紹介です。行政職員、報道従事者、NPOや防災組織のメンバー、大学教員や学生など、さまざまなバックボーンをもった人びとが、防災の未来を考える「場」を共有すること、ただそれだけによって9年余りもつながってきたことが報告されています。そこでは、新たな「ことばの可能性」も生まれています。言いたいことが言える関係性から、言いたいことがわかりあえる関係性に。そしておそらく、言わなくてもわかる関係性さえも

1章　減災学をつくる

予期させる「共同性」の醸成がはじまっています。ここでも、「教訓」やら「要諦」やらとして切断された余所ゆきの防災を、もう一度私たちの掌中に取り戻していくことが企図されています。「そうそう、それ、そういうことだよ！」── ぜひ、読者のあなたにも、膝を打って得心していただきたいと思います。

「ことばによる減災アクション」は、もちろん、ことばだけによるアクションを志向しているわけではありません。逆に、ことばの限界に対してきわめて自覚的であろうとしています。その上でなお、ことばに賭けるという意図的な選択をしています。この切実なる問いかけが、最終章である7章へと架橋されていきます。

1-8　減災学がめざすもの（7章）

7章では、この本のまとめとして、減災学がめざすものは何なのかが示されます。テーマは、減災の「主体」形成です。はじめに、減災が、災害直後の生き死にだけではなく、そもそもその人がどのように生きているのかという生にも着目した概念であったことが、阪神・淡路大震災の「孤独死」の例から確認されます。そこから、減災がめざすものとは、災害直後の生き死にを対象とするだけではない、生き生きと充実した生の実現であること、そのような生の実現には、まずは主体性の獲得が大切であること、そして主体性の獲得には、互いをかけがえのない存在として認め合うような双方向的な関係が大切ではないかと提案されます。実はこの本の中で取り上げられた減災のフロンティアで繰り返し問われてきたことは、この減災の「主体」の問題だったのです。

ここで重要なのは、主体が誰かということだけではないことです。それなら、これまでも繰り返し、「住民主体の減災を」というように訴えられてきたものです。この本がテーマとしたい減災の主体の問題とは、誰が主体であるかと同時に、誰が主体になり得ているか、誰が主体的な主体としてなり得ているのかという問題です。減災の「主体になる」ことの運動論こそが、それぞれのフロンティアで実践的に問われていたのです。当事者が減災の主体に十分になり得ていないとき、

いわば減災の主体が不在の時に、どれだけすばらしい制度や技術、支援が存在しても、それらはかえって当事者の無力感や依存性を強めてしまいます。

では、減災の主体が不在の時に、どのように当事者が主体となり得るのか、それをどのように私たちは支えることができるのか、7章ではそのヒントを、減災という言葉と期を同じくして問われるようになったもう一つの言葉、「復興」の現場に探ります。主体不在の問題は、まさに「復興」においても同様の課題として浮上するからです。そして、復興支援において復興の主体が形成された過程をつぶさにみながら、減災の主体が不在の時に、なぜ減災を支援することがかえって事態を悪化させてしまうのか、そのような時どのようなアプローチが減災の主体形成を促すのかが、「めざす」かかわりと、「すごす」かかわりという二つのキーワードから解き明かされます。

2 「減災」について再考する ── そのための三つの視点

2-1 プラスチックワード

「プラスチックワード」という言葉があります。ドイツの言語学者ペルクゼンが提案した用語です。それは、言葉を使っている本人がその意味を十分に理解できていないにもかかわらず、「新しさ」のオーラを発し、多くの人を沈黙させ納得させてしまうような言葉を指します（図1-1）。ペルクゼンは、本書でもしばしば登場する「コミュニケーション」「アイデンティティ」をはじめ、「消費」「構造」「進歩」といった言葉を、プラスチックワードの代表例として分析しています。

本書の中心テーマである「減災」も、その一つではないでしょうか。つまり、ここ十数年、いや、もう少し厳密に定義するならば、1995年の阪神・淡路大震災以降、「防災から減災へ」の掛け声とともに、日本社会では防災に対する考え方に大きな変化が生じたと言えます。この変化は、他にも、「被害抑止から被害軽減へ」「トップダウンからボトムアップの減災へ」「ハードウェア中心の防災からハードウェアとソフトウェアを併用した総合的な防災へ」といった、多くのプラス

1章 減災学をつくる

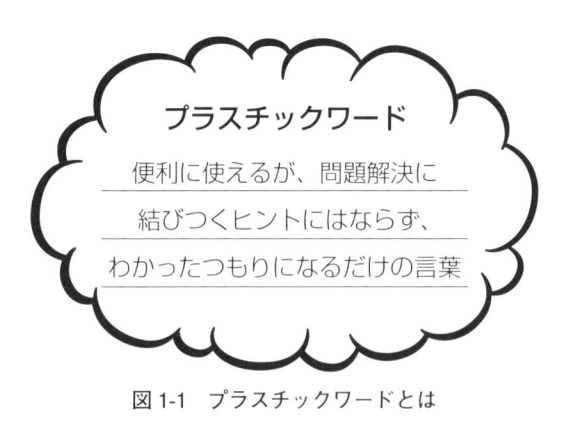

> プラスチックワード
>
> 便利に使えるが、問題解決に結びつくヒントにはならず、わかったつもりになるだけの言葉

図 1-1　プラスチックワードとは

チックワード ── この場合、「プラスチック・フレーズ」と呼ぶべきかもしれません ── とともに語られてきました。

今、こうしたプラスチックワード（プラスチック・フレーズ）群で表現できるような変化が生じているとの事実認識は正しいと私も思います。同時に、こうした変化は大筋として望ましい方向を向いた変化だと考えています。しかし、その上で、大将格、本家本元の「減災」を筆頭に、防災ならぬ「減災」の分野は、あまりに多くのプラスチックワードに充ち満ちていないでしょうか。たとえば、本書でも取り上げる「リスク・コミュニケーション」「アウトリーチ」「ハザードマップ（防災マップ）」「空振り・見逃し」をはじめ、「正常性バイアス」「防災意識」「自助・共助・公助」「心のケア」「PTSD／トラウマ」、そして、最新の「レジリエンス」まで、あるわあるわ、です。

そのために、「減災」という営み全体が、何となくわかった気になっているけど、突き詰めて考えると、これまで「防災」という言葉で表現されていた活動と何が異なるのか、どこに本質的な違いがあるのかが十分に明らかにされないままに放置されている疑いがあります。上記の言葉たちは、減災という活動を社会の中で実際に推進するためのキャッチフレーズとして、役に立っている面ももちろん多々あります。それはたしかです。しかし、そうであるがゆえに、よくよく検討されることもなく当たり前に使われてしまってもいます。でも、「減災学」

を標榜するからには、こうした言葉についてもう少し精緻で慎重な分析作業が必要になる ── これが本書の立場です。

　また、この分析作業は、単に学問の世界でだけ重要なのではなく、実践的にもとても大切です。本書の眼目は、減災学の「フロンティア」を紹介することですが、「フロンティア」が、真のフロンティア（最前線）であるためには、つまり、偽物（まがい物）のフロンティアではないことを証明するためには、フロンティアで展開されている取り組みが、一昔前（仮に、「防災の時代」と呼んでおきましょう）にも散見された類似品とは異なること、まさに「減災の時代」にふさわしい新しい取り組みであることを示すことが必要です。そのためにも、たとえば、「リスク・コミュニケーション」というプラスチックワードに厳密な定義を与え、これらの言葉が前提にしてしまっている当たり前を疑っておく必要があるのです。

　「減災」という本家本元の言葉を取り上げると、議論が一般的、抽象的になり過ぎるので、ここでは、「減災」を下支えしている三つの要素 ── コミュニケーション、ツール、コンセプト ── から、代表的なプラスチックワードをいくつか取り上げ、「減災」を支えている当たり前群について検証してみましょう。その検証作業を通して、「減災学」をつくっていくための道筋をつけてみたいと思います。読者は、おそらく、本書の2章〜6章で紹介する五つのフロンティアが、単なる思いつきで選ばれたバラバラな取り組みとしてあるのではなく、一貫した哲学のもとに相互に連携して展開されていることにお気づきになるでしょう。

2-2　第一の視点 ── コミュニケーション

　減災のための取り組みでは、「コミュニケーションが重要だ」としばしば指摘されます。たとえば、新しい気象情報の意味が避難情報を出す自治体職員によく理解されていなかったことが露呈すると、「気象の専門家と行政職員との間のコミュニケーションに不備があった」などと総括されることが常です。また、玄人の間ではある程度知られていた事実が、素人には常識でも何でもなく、むしろ青天の霹靂だっ

たとわかるたびに、「リスク・コミュニケーションが大切だ」ということになります。あるいは、地震学、土木工学、都市計画学、さらには、経済学、心理学など人文社会系の専門家までが「一気通貫」でコミュニケーションしないと、有効な形で津波防潮堤は建設できない、などと議論されたりもしています。

　たしかにそのとおりでしょう。減災が、多様な関係者 ── たとえば、地域住民、それぞれの災害事象の専門家、行政職員、マスメディア関係者など ── による共同作業によってしか実現できない以上、（リスク・）コミュニケーション、防災教育、アウトリーチといった事項が、非常に重要であることは疑いがありません。しかし、問題は、コミュニケーションの内実です。

　ここでは、「アウトリーチ」というプラスチックワードを軸に、この点について考えてみましょう。まず、「アウトリーチ」を、ウィキペディアを参照しつつ辞書的に定義すると、次のようになります。「アウトリーチとは、研究者や研究機関が研究成果を市民に周知する活動をさす。政府から研究費の補助を受けた場合、その義務としてアウトリーチ活動が課される場合もある。……（中略）……同分野の専門家以外を対象とした、一般向けの成果発表会、普及講演、研究施設の一般公開などもアウトリーチ活動に含まれる。近年では、双方向性が重視されており、研究者からの一方的発信ではなく、一般社会からのフィードバックが必須とされる傾向にある」。

　「アウトリーチ」をプラスチックワードにしてしまわないためには、言いかえれば、わかったつもりで終わらせないためには、「アウトリーチ」にも二種類あるとの理解が大切だと私は考えています。第1は、即効性はあるけど、本質的な変化は期待薄な「浅いアウトリーチ」で、第2は、その逆の「深いアウトリーチ」です。ちょうど地震にも浅い地震と深い地震があるように、両者のいずれか一方だけが大切というわけではありません。しかし、両者を区別して、その特徴をふまえた使い分けが必要になることはたしかです。

　「浅いアウトリーチ」は、サイエンスカフェなどに見られるように、専門家（玄人）と非専門家（素人）の色分けには、多くの場合手をつ

けず、玄人が「出血大サービス」で手取り足取り、知識・情報を親切にお伝えしますという活動に代表されます。もちろん、こうした活動にも減災を進める意義はありますし、本書で紹介している事例の中にも、ここで言う「浅いアウトリーチ」に分類されるものも含まれています。しかし、たぶん、こうした活動について、玄人の側には、「ただでさえ研究で忙しいのに余計なことだ、本音を言えばないにこしたことはない」と感じている人もいるでしょうし、玄人と素人、また科学と社会との関係に本質的な変化を及ぼすことも少ないと思われます。

　他方、「深いアウトリーチ」とは、玄人が玄人として携わっている活動の一部（もちろん、そのほんの一部ではありますが）を、素人が「担う」ことを中核とするアウトリーチです。たとえば、満点地震計の設置・保守を小学生や地域住民が「担う」こと、あるいは、地震学に関する「浅いアウトリーチ」をボランティアスタッフ（「阿武山サポーター」）が「担う」ことは、まさにこれにあたります（3章を参照）。こうした取り組みには、当座目に見える成果を見出しにくいかもしれません。しかし、中長期的に見れば、玄人と素人の境界線を再編しつつ、玄人そのもの（たとえば、地震学を支える未来の人材）の芽を育み、玄人の活動に対する素人の社会的な承認・支援の基盤を形づくることができます。

　4章で検討している新しい気象情報、すなわち、「地域気象情報」も同様です。これは、気象情報の専門家が、最新の気象情報をわかりやすく解説したものではありません。また、専門家が一方的に発信するのではなく、「××情報の意味はよくわかりましたか」など一般住民からのフィードバックを受け取るという意味での双方向のやり取りがある点（だけ）が大事なわけでもありません。一般住民自らが、「地域気象情報」という情報の作成や伝達を「担う」点にこそポイントはあります。この意味で、「地域気象情報」の取り組みでめざされているのも、「浅いアウトリーチ」（だけ）ではなく、「深いアウトリーチ」だと言えます。

　ひるがえって考えてみますと、コミュニケーションという言葉のもともとの意味は、「コミュ（共同性）」をつくるということです。つま

1章　減災学をつくる　15

り、リスク・コミュニケーションとは、多くの場合、リスクの専門家が「これがリスクだ」と認定したリスクを、専門家から非専門家にボールでも投げるように「伝える」作業ではないのです。そうではなく、「私たちにとって何がリスクか」を明らかにする作業を両者が「共にする」こと、つまり、リスクを認定し、伝え、共有するための「コミュ（共同性）」をつくる、ないし、今とは異なる形で再編する作業のことを言うのです。

この意味で、「減災」を支える「アウトリーチ」について構想するためには、「アウトリーチ、それ大事だよね」ですませるのではなく、二つの「アウトリーチ」——「伝える」を中心とする「浅いアウトリーチ」と、「共にする」を中心とする「深いアウトリーチ」—— をしっかり区別した上で、両者を適材適所で併用しながら事を進めていくことが、今後ますます求められるでしょう。

2-3 第二の視点 —— ツール

日本社会における防災から減災へのシフト（移行）は、多くの情報機器の発展・普及と時期的に重なっていたこともあって、減災と言えば、多くのツール、特に、映像・画像ツールが思い浮かびます。ほんの一例を挙げるだけでも、気象衛星から常時送信されてくる大量かつ精細な雲の動画像、東西南北に自由に移動できるのはもちろん、自在に引いたり寄ったりできるネット上の津波浸水ハザードマップ、あるいは、火災の発生現場、道路閉塞箇所から、避難所の開設状況まで、災害対応に必要なありとあらゆる情報をリアルタイムでチェック可能なモニタリングシステムなど、実に多種多様です。

これらのツールが、ハザード（災害事象そのもの）や、それに対する人間・社会の側の反応を、何らかの形で「可視化（見える化）」していること、また、そのおかげで、私たちの減災の活動が大きな恩恵を受けていることはたしかです。しかし同時に、前項でテーマにした「コミュニケーション」と同様、こうした動きが、「まずハザードマップを作成・公開するのが第一歩」「とにかくWEBシステムを構築しましょう」などと無反省な「可視化・見える化」や「システム化」に

つながっている側面には注意が必要です。言いかえれば、「可視化」や「システム化」がプラスチックワード化していないかどうか、十分反省してみる必要があります。

　ここでは、この点について、減災の分野ですっかりおなじみで、かつ、もっとも基礎的なツールでもあるハザードマップ（防災マップ）を事例に考えてみましょう。ハザードマップに何をどこまで詳しく盛り込むべきかについては、しばしば議論の対象になります。たとえば、「最悪のシナリオに基づくマップがいいのか、それでは悲観的になり過ぎないかといった」、「ハザード（災害事象）だけでなく、どこに逃げるべきかなど対応に必要な情報も描くべきだ」── こういった議論です。また、どのような表現形式が望ましいかについても注目が集まります。「もっとも危険な地域は何色に塗りましょうか、どんなサイン（記号）がわかりやすいでしょうか」── こういった事がらです。

　しかし、本当に大切なことは、マップそのものではありません。むしろ、ハザードマップ（というツール）を用いることで減災の取り組みに携わる関係者が「何（what）」をしているのか、そして、さらに踏み込めば、ハザードマップ（というツール）を作成・利用することによって、そもそも「だれ（who）」が減災の主体として表舞台に登場しえているか。これらのこと、つまり言ってみれば、マッピング（ハザードマップすること）のほうがはるかに重要です。そして、この点を十分理解することが、「ハザードマップ」をプラスチックワードにしてしまわないための鍵だと考えます。

　ハザードマップで「何（what）」が行われているかという問いに対する紋切り型の回答が、他ならぬ「可視化」（見える化）です。ハザードマップは、これまで隠れていた何ごとかを見えるようにしているというわけです。こうした考えは誤ってはいませんが不十分なものです。「だれ（who）」が「だれに対して（whom）」「何のために（for what）」可視化しているのかが、しばしば見逃されているからです。たとえば、自治体内の河川について、その氾濫危険箇所や氾濫時の避難所の全貌を一望できるハザードマップがあるとしましょう。このマップは、── それがないときに比べれば ── たしかにこれまで把握すること

が困難であった、氾濫災害の「全貌」（全体的な様子）を可視化しています。

しかし、「全貌」の可視化が意味をなすのは、たとえば、災害対策室にいて、事がらの「全貌」の理解とそれをふまえた対応・指示という活動に取り組まねばならない人たち（たとえば、××市災害対策室員）に対して（のみ）です。他方で、多くの一般住民（および、その避難行動）にとって、ここで言う「全貌」の把握が必要か、あるいは有用かどうか。これは、大いに疑問です。その証拠に、この種のマップは、せっかく配布されてもすぐ古新聞と一緒に捨てられたりすることも多いようです。しかし他方で、たとえば、大災害で公共交通機関が止まったときに歩いて帰宅することをサポートするためのマップが、結構売れていたりします。きっと、「何のために」が明確なためでしょう。

一見したところ、ハザードマップが多数作成され公開されることは、ハザードに関する情報を広く普及・周知し、リスク・コミュニケーションを一段と進捗させ減災効果を高めるように見えます。しかしその実、マッピングにかかわったのは、ハザードの専門家とマップの作成者（多くの場合、防災関係のコンサルタント会社が自治体と共同で作成することが多い）だけで、肝心の一般住民は（あるいは、防災担当部署以外の自治体職員も）マッピングのカヤの外ということにもなりがちです。

以上の反省を携えて、たとえば、2章で紹介する「動画カルテ」という映像ツールをあらためて眺めてみてください。「動画カルテ」が、単に、津波ハザードを可視化したものではないこと、同時に、単に住民の避難行動を記録したものでもないことを理解いただけるはずです。つまり、「動画カルテ」のベースとなっている「個別避難訓練」では、実際の訓練を通して、避難所要時間やルートなど津波避難の成否の見きわめに必要なデータを住民自らが主体的に生み出しています。その重要なインプットに応える形で、私たち研究チームが津波浸水シミュレーションを制作し、避難の様子とシミュレーションの結果とを重ね合わせた動画（「動画カルテ」）を作成しています。そして、「動画カ

ルテ」を見ながら、避難場所、避難ルート、避難のタイミングなどについて当事者（避難した本人だけでなく、訓練をサポートしてくれた子どもたちも）と研究者が議論を交わし、より有効な避難方法を模索していきます。さらに、この動画は、地域の防災学習会などで上映され、動画を見た住民が「自分も」とばかり、個別避難訓練に参加するケースもあります。

　要するに、「動画カルテ」の試みでは、ツールとしての動画（ムービー）だけが重要なのではありません。動画づくりや動画視聴のプロセス全体（言ってみれば、ムービーイング）を通じて、多くの地域住民が津波被害を減らすための活動の舞台に上がっていることのほうが大切なのです。このことは、見方を変えれば、地域住民（非専門家）が自分の避難行動の分析作業を自ら「担う」と同時に、研究者（専門家）が一人ひとりの住民の被害軽減の活動にまでタッチしていることを意味しています。その意味で、前項のキーワードを用いて、地域住民（非専門家）と研究者（専門家）との間で「深いアウトリーチ」が実現していると言いかえることもできます。

　同様のことは、5章で扱う「クロスロード：大洗編」にもあてはまります。大洗町の住民は、「クロスロード：大洗編」の作成プロセスを通じて、自らの被災体験や復旧・復興期に直面した課題について専門家とともに主体的に分析し、その成果を「復考大洗 ── あの日あの時の本人解説動画」として表現・発信しています。そして、「クロスロード」のプレイと動画の視聴を通して、私たちを含めて大洗町の外部の人びとも、大洗町の住民ととともにその出来事を追体験できます。つまり、ここでも、動画本体の出来がどうのこうのではなく、この動画ツールが、その作成・視聴のプロセス全体を通して、多様な人びとを減災（ここでは、被災地の復旧・復興も含めて）の活動の舞台に引き上げ、また結びつける役割を担っていることが重要な意味をもっています。

　減災にかかわる分野では、今後も、「こんな高精度の可視化ツールを新たに開発しました」「これまで専門家しか見ることができなかった映像をインターネットで一般にも公開することにしました」といっ

たセリフを何度も耳にすることになるでしょう。しかし、そのようなとき、ちょっと立ち止まって考えてみましょう。可視化やシステム開発をプラスチックワードとして安易に受け入れ、それらに無条件で拍手を送っていないかと。そのツールは誰に対して何をしているのか、そのツールによって誰が減災の表舞台に主体として現れているか、誰と誰が新しく関係を結ぶことができているのか ── こういった点をしっかり見きわめてツールを評価することが大切です。

2-4　第三の視点 ── コンセプト

　コンセプトとは、概念、つまり言葉ですから、本節では、減災を支えるコンセプトが、まさにプラスチックワードになっていないかを正面から見据えることにします。減災に関する議論にかならずと言っていいほど登場するコンセプトがいくつかあります。たとえば、「想定外」「正常性バイアス」「心のケア」「空振り・見逃し」「可視化（見える化）」「防災教育」「防災マニュアル」などです。いくつかは日常的にも用いる言葉なので一見わかりやすく、こうした用語を使って説明されると、「なるほど、そうか」と納得してしまうことも多いものです。

　しかし、ここでも、「本当に、そうか？」と一旦停止してみなくてはいけません。本当に、こうしたコンセプト（言葉）で、私たちが直面する課題や難問の本質がとらえられているだろうか。むしろ、わかったような気になっているだけの場合が多くないか。また、そのために、肝心の課題解決へ向けたヒントや足がかりが得られていないこともあるのではないだろうか ── こんな問題意識をもって、こうしたコンセプト（言葉）について再考することが、減災の考え方をより高い次元へと鍛え上げていくために必要なのです。

　ここでは、1-5節でも引用した「空振り・見逃し」を例にとって話を進めることにしましょう。2013年9月、同年8月末から運用がはじまった「特別警報」が、京都府などにはじめて発表されました。また、同じ年の10月には、伊豆大島で大規模な土砂災害が発生しましたが、「特別警報」は発表されませんでした。両者について、発表したことやそのタイミング、逆に発表されなかったことに対する検証、

および、それをふまえた制度・運用面での改善が模索されています。これ自体は、減災上、とても大切なことです。

しかし、特別警報に限らず多くの災害情報に関して、結果的に過大評価なら「空振り（オオカミ少年）」、結果的に過小評価なら「見逃し」との批判を繰り出して一段落。こんなことが、数十年も繰り返されているのも事実です。そして、その陰で、つまり、こうしたプラスチックワードに依存することの副作用として、より重要なことが看過されています。

私の考えでは、「空振り・見逃し」の根源的な問題は、そもそも、村人（住民）がオオカミ（災害）の監視を少年ひとり（専門家や行政）に任せている点にあります。また、少年のほうも、「じゃあ、みんなで警戒しよう」とオオカミの監視の構図そのものを変えようとすることなく、村人の顔色をうかがいながら、監視の基準や警告の言葉を工夫するといった対応に終始しているのが実状です。

すなわち、真に大切なことは、村人（住民）の側が災害情報の受信者となるだけでなく、発信者にもなろうとする姿勢をもつことであり、またそれを促し支えるようなしくみづくりです。たとえば、土砂災害の前兆現象（川の濁り、山鳴りなど）を、地域住民がいち早く関係機関に伝えるしくみが整備されているところもあります。また、3.11後、岩手県釜石市が、気象庁からの情報だけに頼らず、湾口防波堤付近の津波の状況を独自に監視して避難に役立てようとしていることも、この観点から前向きに評価できます。さらに、一般の住民が「率先避難者」となって、自ら周囲の人びとの避難を促す情報となることもできます。

行政や住民の主体的な態度と行動の醸成こそが重要で、情報の細密化・迅速化だけを図っても問題の解決にはいたらないでしょう。ましてや、「避難の遅れは、前回の警報が『空振り』だったことがオオカミ少年効果をもたらしたため」などと「説明」してみても解説の域を出ないように思えます。もちろん、解説は解説であっていいのです。そのような解説の中身がまるで的外れというわけでもないですし、もしかしたら、こうした言葉をやり取りすることが、一種の「ガス抜き」

になる場合もあるでしょう。

　しかし、本書の観点から見逃すことができないのは、「空振り・見逃し」というプラスチックワードによる解説を隠れ蓑にして、本質的な問題解決への道が閉ざされてしまうことです。先行する二つの節で考えてきたように、新しい減災社会をつくっていくためには、「深いアウトリーチ」、すなわち、防災・減災の専門家と非専門家の垣根を横断し、両者の間の色分けや関係性そのものを再構築すること、および、その再構築を支え促すようなツールを開発することが大切です。

　ところが、「空振り・見逃し」というコンセプトは、コンセプトそれ自体が両者の間の分断を含意しています。なぜなら、「災害の監視はお任せしましたよ、危ないときにはきちんと知らせてくださいね」と、少年（専門家や行政）をすっかり信頼して（別の言い方をすれば、「丸投げ」して）いるという構図がそこにあるからこそ、「空振り・見逃し」という感覚が生じるからです。たとえば、自動車運転保険。一年間無事故だったから保険金は「空振り」だったと思うでしょうか。筆者は、何十年と「空振り」を続けていますが、当然、長年の無事故をむしろうれしく思っています。あるいは、人間ドックに行って、「特に悪いところなし」との通知をもらって、今年の検診は「空振り」だったと思う人もいないでしょう。たぶん、その理由は、事故や病気の監視や予防の営みに対する当事者（私自身）の主体的関与性があるからです。「空振り」というコンセプトは、情報を出す人と出される人の分断と両陣営の相互批判と相互不信を増長するだけで、ここで言う主体的関与性そのものを高めるという本質的な問題解決を阻害している一面があります。

　さて、コンセプトの見直しに関して留意すべき点を一つ追記しておきましょう。それは、プラスチックワードという言葉そのものがプラスチックワードになってしまう危険に対する注意です。つまり、何でもかんでも「それはプラスチックワードだ」として批判していないかというチェックです。まず、それぞれのコンセプトに関する（再）考察をどのくらいの精度と深度でなし得ているか、言いかえれば、それまでのコンセプト理解をどのくらい刷新しえているかのチェックが必

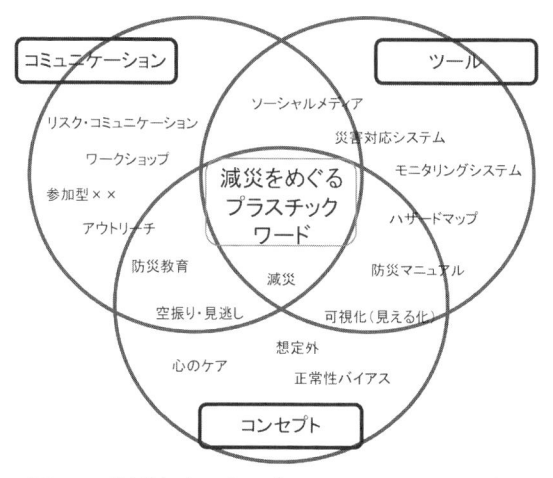

```
        コミュニケーション              ツール
              ソーシャルメディア
   リスク・コミュニケーション
                              災害対応システム
       ワークショップ
                              モニタリングシステム
   参加型××       減災をめぐる
                 プラスチック
      アウトリーチ    ワード       ハザードマップ

           防災教育         防災マニュアル
                  減災
        空振り・見逃し      可視化（見える化）
              想定外
         心のケア    正常性バイアス

                  コンセプト
```

図1-2 「減災」をめぐるプラスチックワードの一例

要です。そして、さらに、（再）考察の成果を頭の体操に終わらせず、実際の現場に従来にない実践を導くことができているかも大切です。これらに関する具体的なチェックをその都度行うことが求められます。たとえば、私は、かつて、「正常性バイアス」「（低調な）防災意識」「想定外」といったさまざまなコンセプトについて、本稿と同じような議論を展開したことがあります。紙幅の関係で、これらについては矢守（2009）を参照いただき、今述べたチェック作業を読者に委ねたいと思います。

最後に、これまで登場した「減災をめぐるプラスチックワード」をまとめておきます（図1-2）。チェックリストのように、折に触れて見返していただきたいと思います。

2-5 何のための減災か

本章を閉じるにあたって、「そもそも減災とは何のためにあるのか」という初歩的な、しかしだからこそ非常に本質的な問題を考えるためのコンセプトについて考えておくことにしましょう。それは、「インストルメンタル／コンサマトリー」という一対のコンセプトです。

1章 減災学をつくる

『Tomorrow　明日』という映画があります。原作は井上光晴の小説です。1945年8月8日、長崎に原子爆弾が投下された前日を生きる人びとの日常を描いた映画です。夫のために弁当を届ける妻、召集令状で引き裂かれようとする恋人たち……悲喜こもごもであっても、そこには明日への希望が託されています。しかし、映画を見る者は、そのすべてが翌日には奪われてしまうことを知っています。

　この映画は原爆がもたらした災禍そのものについては、ほとんど何も語りません。しかし、私たちはときに、悲劇的な出来事に関する直接的な描写よりも、それによって奪われたものを目のあたりにしたときに、より強い衝撃を受けることがあります。災害や戦争そのものに対しては想像力が及ばないとしても、それによって奪われたものが自分たちの日常と何ら変わらないことには、容易に気づくからでしょう。

　本書では取り上げませんが、この映画にも触発されて、私の研究室では、阪神・淡路大震災の被災者から、1.16やそれ以前についてお話をうかがう取り組み（「Days-Beforeプロジェクト」）を進めてきました（矢守・杉山，2015）。個人的にも、15年近く被災者の語り部活動をお手伝いしてきて、ようやく、被災者になる前の被災者について、私たちがあまりに知らないことに気づいたからでもあります。災害とは何か、被災とは何かを感じとるとは、1.17やそれ以後について知ることだけでなく、いやそれ以上に、1.16やそれ以前について思いを馳せることでしょう。

「15、16と連休になりましたから、娘は、下の従妹と一日中遊んで、夜もぎりぎりまで遊んで。昨日や今日遊んだ楽しいことをお友だちに話すということで、ニコニコとうれしそうに眠ったんですよね」（Aさん）。

「16日の夜、次男が2階へ上がってきて、お父さん、一緒に風呂行きましょうって。ほな行こかって。そんなこと今まで1回もなかったんやけどな。風呂屋では、いろいろ話したわな。大学の生活とか、卒業したらどないするとか」（Bさん）。

　Aさんは、当時小学校5年生の娘さんを亡くされたお母さん、Bさ

んは、当時大学2年生の息子さんを亡くされたお父さんです。お二人のお話に耳を傾けると、巨大な災害が奪ったものがよくわかります。それは、そのときにはむしろ何でもないもの、つまり、日常の平凡な、しかしかけがえのない出来事や暮らしであり、そこから見通される「明日」への展望です。

　私たちは皆、潜在的には常に災害や事故など破局的な出来事と隣り合わせで生きています。明日がまさにその日かもしれず、今この時こそが、後から「あれが最後だったんだ」とふり返ることになる瞬間かもしれません。

　以上のことをふまえて、本節の冒頭で投げかけた問いに戻りましょう。「そもそも減災とは何のためにあるのか」。さしあたって、自然災害による被害を軽減するため、ということになるのでしょう。明快な、実に明快すぎる目標です。未来に設定された何らかの目標を達成するために、私たちは今ここで何をしなくてはならないのか ── 一般的に、この観点から今を見つめる視線のことを、「インストルメンタル（媒介・手段的）」と言います。他方で、上で用いた言葉を使えば、「かけがえのない」今、つまり、未来の目標を達成するための手段としての今ではなく、それ自体として直接・享受されるべき対象としての今を見つめる視線のことを、「コンサマトリー（直接・享受的）」と言います

　減災に関する取り組みでは、あまりに明快な目標がそこにあるために、「インストルメンタル」な視線からのみ今を見てしまいがちです（これに対して、たとえば、「教育の目標は何だろうか」と問うてみると、減災よりは多種多様な答えが返ってきそうです）。しかし、1.16を真摯に見つめ、その原点へと立ち返った上で、さらに踏み込んで「何のための被害軽減か」と問うてみると、「コンサマトリー」なあのとき ── 1.16の重要性が現れてきます。

　そして、私たちの毎日が常に、「あの日が前日だったんだ」とふり返ることになるかもしれないことを考えあわせると、一見矛盾するようですが、その毎日を、減災のためだけに生きていいのか、「インストルメンタル」な今を生きるだけでよいのかとの疑問も生じてきます。

1章　減災学をつくる

明日の被害軽減のために、今ここで、何もかもを（あるいは、多くを）犠牲にすることが、本当に幸せなのかという疑問です。ここから、減災のための「インストルメンタル」な活動そのものを媒介・手段的なものに終わらせずに、同じ活動が、同時に、そこに関与する誰にとってもそれ自体意義深いもの、毎日を豊かにするものである必要性、つまり、「コンサマトリー」な視点からも充実したもので（も）あるべきだとの示唆も得られます。

　「減災学」は、本書で紹介している五つのフロンティアでそうあろうとしているように、常に具体的な社会課題に現場で向き合う実践的な研究であるべきです。しかし、それが学であるためには、ここで提起しているような根源的な問いを常に保持していることが、同時に必要だと思います。

2章　個別避難訓練タイムトライアル

孫　英英

1 訓練当事者の主体性を取り戻すには

　日本で生活を営んでいるみなさんで、「避難訓練」という言葉を耳にしたことのない人はいないでしょう。幼稚園や小学校時代から、ほぼ毎年定期的に「火災避難訓練」や「地震避難訓練」に参加しているのではありませんか。最近は東日本大震災での大きな津波被害の衝撃を受け、「津波避難訓練」という言葉を聞く機会も増えつつあります。

　しかし、ここで一度立ち止まって避難訓練について考えましょう。みなさんの頭の中に浮かんでくる避難訓練のイメージとは、どのようなものでしょうか。たとえば、自分が所属している町内会、あるいは学校、会社などで、あらかじめ決められた日時に、かつ予定していた通りに「避難訓練です！」というアナウンスが流れます。それを聞いて、みなさんは担当者の指示に従って、避難場所へ集団で移動する。みなさんの避難訓練に対するイメージはだいたいこのようなものではないでしょうか。

　たしかに、避難訓練に参加するのとしないのとでは大きな違いがありますが、避難訓練の企画や運営にかかわった人と訓練に参加しただけの人との間に、より大きな根本的な違いがあることを見過ごしてはいけません。誰が訓練の企画者となっているか、訓練内容は何を根拠にして計画されているか、これらの事がらは、訓練への参加、不参加以上の非常に重要な意味をもっていますが、このことは、ふつうあまり注目されていません。

　各団体の組織のリーダーや防災分野の担当者が、避難訓練の実施日、活動内容、役割分担などの必要事項について議論し、防災の専門家や自治体が示しているデータや指示をベースにして避難訓練を計画するのがふつうでしょう。そのため、そもそも避難訓練に参加しない住民が非常に多いことに加えて、仮に参加している場合でも、地域住民は、避難訓練に対する積極的なかかわり、つまり主体性を奪われたまま、出来合いの計画に受動的に従っているだけというケースがほとんどです。その結果、住民の防災行動を過度にコントロールしようとする行政や専門家と、自らの安全について行政や専門家に過度に依存す

る住民との間に、過保護と過依存の関係が（再）生産されてしまいます（矢守, 2009）。

この傾向は、東日本大震災後、南海トラフの巨大地震・津波の規模や被害に関して非常にきびしい想定が公表されたことで、さらに強まりました。最新の想定によると、最悪の場合、太平洋沿岸の多くの地域が震度7の激震に見舞われ、かつ、一部の地域は高さ30メートルを超える津波に襲われます。その結果、大津波などにより、30万人を超える犠牲者が出るというのです（内閣府, 2013）。この想定の公表後、地域住民の中には三つのネガティブな態度が見られました。「ほんとに津波が来たら、わしも家も流されるなあ」といった「絶望・諦め」の態度、「子どもの頃から大地震が来る来ると言われていて来ていない。なるようになるだろう」といった「油断・慢心」の態度、「想定にはどうせかなわない。もうお手上げだ。専門家のみなさん、お願いします」といった「依存・お任せ」の態度の三つです（孫・近藤・宮本・矢守, 2014）。

ここで、これらのネガティブな態度は、単に想定が非常にきびしかったから生じたというよりも、避難する当事者である地域住民が主体的に防災・減災活動（たとえば、避難訓練）に関与できていないことに由来する点が大切です。つまり、防災活動の当事者が本来もっているべき主体性が失われていることこそが、これらネガティブな態度の根本にあるのです。なぜなら、事態の深刻さについて分析し明らかにしたのも、それを津波や被害の想定という形で表現・公表したのも、被害軽減のための方策を立案したのも、すべて、防災の専門家や地元自治体の防災担当者であって、本来当事者であるべき地域住民は、多くの場合、こうした一連のプロセスから疎外され主体的に関与できていないからです。このような構造こそが先に示した三つのネガティブな態度を生む根底にあると考えられます。言いかえれば、本章のキーワードである「主体性」とは、「防災・減災活動の最終的な担い手であるはずの地域住民が、その活動を『わがこと』としてとらえ、課題の把握、解決方法の立案と実行に積極的かつ十全に関与する姿勢」を指します（7章も参照）。

目下、きびしい津波想定に直面している日本社会では、行政や専門家に防災・減災に対するこれまで以上のコミットメントが期待されていることは言うまでもありません。しかし、行政と専門家が関与すればするほど、地域住民を防災・減災の活動から遠ざけ、その主体性を喪失させてしまう一面があることにも十分注意を払う必要があります。「過保護と過依存の関係の（再）生産」と上述したように、行政や専門家の過度なコミットメントと地域住民の主体性の喪失は悪循環のループを成しているからです。

　では、どのようにすれば、両者の間に形成されている悪循環から抜け出すことができるのでしょうか。どのようにすれば、訓練する当事者の主体性を大切にした訓練を行うことができるのでしょうか。本章では、これまでとはまったく異なる津波避難訓練手法（「個別避難訓練タイムトライアル」）を軸に、この課題にチャレンジしたアクションリサーチについて紹介します。

2　研究フィールドの概要

　本章の舞台は、筆者が、現地でのボランティア活動（主に津波防災活動の支援）を行いながら、継続的な協力関係を構築している高知県四万十町興津地区です。興津地区は、高知県の県庁所在地・高知市から南西へ約80キロメートルの位置にあります（口絵①）。興津地区全域が県立自然公園地域に指定されており、地区にある白砂青松の「小室の浜」海水浴場は、環境省の「快水浴場百選」にも選ばれ、年間2万人超の海水浴客が訪れます。昭和11年に発行された興津村郷土誌「我等の郷土」には、「小室の浜」について、「土佐十景の一として景勝地なるのみならず遠浅にして波静かに水澄みて絶好の海水浴場たり。加ふるに白砂の上には桜貝の散り敷くありて遊覧に遊魚に四時の趣ある好地なり」と紹介されています（窪川町史編集委員会，2005）。

　一方で、地区へアクセスする唯一の道路は、峠越えの急道でカーブが多く、かつ片側1車線分が確保できず交互通行となる区間もあります。大きな地震や雨などに襲われると、土砂崩れで交通が遮断されや

すく、災害発生時に外部からの早期支援が受けられないと考えられます。地区の人口は991人で、高齢化率は約50パーセント（2013年3月31日時点）に達しています。東日本大震災後に公表された内閣府（2013）の津波想定によると、興津地区では最悪の場合、震度6強の強い揺れに見舞われ、地震後15～20分ぐらいで津波が来襲し、最大津波高は30メートルを超えます。

　この想定が発表された後、地区では一部の住民の間に防災・減災に対するネガティブな態度があらわれました。たとえば、「数十メートルの津波が来るって。いちばん高い山頂で釣りができるんじゃないか。もうあきらめた」といった声です。特に、一部の高齢者が、「足腰が悪いので、津波が来たら、とても逃げられない」と寂しげにつぶやいていたのが、筆者には強く印象に残っています。以上のように、興津地区はきびしい津波想定、外部支援の困難、超高齢化、住民に広がるネガティブな態度など、きびしい社会的現実に直面しており、防災・減災活動を推進するには大きな困難を抱えています。

　この状況を打開するため、筆者は、数年前から、興津地区や地元の興津小学校と協力し、住民一人ひとりに寄り添い、個人の状況に即して具体的な課題やニーズを明らかにし、個別的にサポートするアクションリサーチを開始しました（孫ら，2014）。アクションリサーチの中核は、住民一人ひとりが自らの津波避難について主体的に考え有効な対策を講じることができるよう工夫した新しい避難訓練手法、すなわち、「個別避難訓練タイムトライアル」です（以下、単に、「個別避難訓練」あるいは「個別訓練」と記す場合もあります）。

3 個別避難訓練と動画カルテ

　個別避難訓練とは、個人または家族が、自宅や職場などから高台など自分たちが逃げようと思う避難場所まで、避難ルートを記録するGPS（Global Positioning System）ロガーを身につけて、所要時間を計りながら実際に逃げてみる訓練です。学校の防災学習と連携する場合、訓練の一部始終を子どもが訓練サポーターとしてビデオカメラで

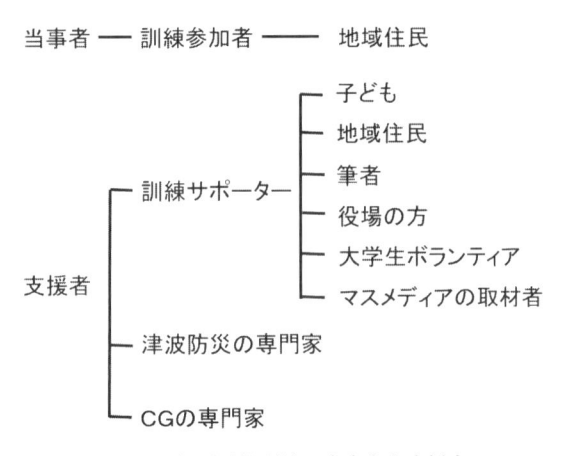

```
当事者 ── 訓練参加者 ────── 地域住民

                              ┌─ 子ども
                              ├─ 地域住民
                              ├─ 筆者
                  ┌─ 訓練サポーター ─┤
                  │           ├─ 役場の方
                  │           ├─ 大学生ボランティア
        支援者 ─┤           └─ マスメディアの取材者
                  ├─ 津波防災の専門家
                  └─ CGの専門家
```

図 2-1　個別避難訓練の当事者と支援者

撮影し、訓練途中で気づいたことなどを訓練参加者にインタビューしてメモに残します（口絵②）。後日、子どもは撮影した映像とメモを見ながら訓練当日の内容をふり返り、どこが危なかったか、どこが良い点だったかをまとめます。さらに、津波防災の専門家と協力し、興津地区で起こりうる最悪の津波について浸水予測を行い、GPSロガーで記録した訓練参加者の動きとともに、津波浸水の挙動をコンピュータ・グラフィックス（CG）として再現し、動画カルテにまとめます（口絵③）。そうすると、たとえば、「ここまで逃げたとき、家はすでに津波が押し寄せてきている。間一髪だった」ということが一目瞭然でわかります。

個別避難訓練には多様な関係者がかかわっています。図2-1はそれらの関係者を当事者と支援者に分類したものです。いちばんの当事者はもちろん訓練参加者であり、興津地区の住民です。支援者は、訓練サポーター、津波防災の専門家、CG制作の専門家です。訓練サポーターは、子ども、（訓練参加者以外の）住民、筆者ら研究者、役場職員、大学生ボランティアなどによって構成されています。筆者は、全体のコーディネーターとして、通常、訓練参加者を募集したり、訓練の実施をサポートしたり、動画カルテを作成したりしています。

図 2-2　訓練用道具

3-1　個別避難訓練の実施の流れ

　個別避難訓練で使用する道具は、市販の録音機能つきビデオカメラ、ストップウォッチ、GPSロガーなどです（図2-2）。防災学習と連携する時は、子どもたち数人で一つのグループを構成し、それぞれ撮影係、時間計測係、インタビュー係、メモ係などを担当します。インタビュー係は、事前に、訓練参加者にスタート地点、経路、ゴール地点について確認し、GPSロガーを装着してもらいます。その後、時間計測係による「地震発生！」の掛け声で、訓練スタート。最初の100秒間（この地区では、90～120秒程度は、避難できないほどの強い揺れが継続すると想定されているため「100秒ルール」と呼ばれる目安がある）は、訓練参加者は机の下にもぐるなど安全姿勢をとります。100秒経過すると、「地震の揺れがおさまりました」との掛け声がかかります。非常用持ち出し袋を担ぐ（訓練参加者の自己判断）などして家の外に出て、後はひたすら避難場所をめざして逃げます。

　避難途中、撮影係は訓練参加者の表情とつぶやきを近距離で記録します。もうひとりの撮影係は道路状況も含めた周囲の様子を少し離れたところから撮影します。時間計測係は、避難経路上の要所にさしかかった際の経過時間を逐一記録します。たとえば、家を出たときや高台への登り口といった場所です。インタビュー係は訓練参加者と一緒

に歩きながら随時その声を聞き取ります。記録係は避難途中の時々の状況を観察し、丹念に記録します。「そろそろ疲れてきた」「ブロック塀が崩れる危険性あり」「雨天時の早期避難には、すぐに履けて滑りにくく歩きやすい靴がいい」といった具合です。訓練参加者がゴールした時点で、「到着！」と掛け声をかけて、時間計測をストップし撮影も終了します。

3-2 動画カルテの作成

　以上の結果を、津波の専門家、CG制作の専門家とも協力しながら、「動画カルテ」として集約します。カルテという名称には、地域住民の津波避難の課題を一人ひとり個別に記録しているという意味合いを込めています。具体的には、動画カルテとは、口絵③で示した4画面のマルチ・ムービーです。編集に際して、まずムービーの左上と右下の画面に二つのカメラ映像を配置し、左下の画面に訓練参加者の移動経路を記録したGPSロガーのデータと津波浸水シミュレーションを重ね合わせたものを置きます。そうすることで、地震発生から何分何秒後に、どの地点まで避難することができていたか、津波はどこから襲来し、どの避難路が最初に危険にさらされるかなどを容易に見てとることができるようになります。最後に、右上の画面です。まず、上欄のテロップ（訓練参加者のつぶやき）を完成させます。視聴する際の利便性を考えて効果を考慮し、1行で10文字程度の短いコメントを数行にまとめます。

　この段階まで作成した動画カルテを、訓練実施後に行われる授業で、子どもたちと一緒に視聴しながら訓練当日の状況についてふり返ります。子どもたちには訓練参加者のつぶやきから読み取ることができる避難の問題点や、それを解消するための改善策を考えてもらいます。そして、その結果を訓練参加者への応援メッセージとしてまとめます。その結果を右上の画面の下欄のテロップとしてまとめ、これで動画カルテの完成です。

4　個別避難訓練における「主体性」の回復

　これまで、2012 年 6 月と 11 月に興津小学校の子どもたちの協力のもと、個別訓練を 8 名の住民を対象に実施しました。実施の際には、総合的な学習の時間を使い、道具使用方法の練習や、訓練時のサポート、訓練後のふり返りなど、訓練にかけた時間は合計 10 数時間に及びました。また、2013 年 5 月と 10 月には、子ども以外の訓練サポーターの協力を得て 26 名の住民とともに個別訓練を行いました。個別避難訓練の効果や課題全般については、先に紹介した論文（孫ら, 2014）を参照いただくことにして、本節では、本章のテーマである避難当事者の主体性の発揮・回復という観点に立ったとき、特に注目すべき三つの事例を取り上げて詳しく紹介します。

4-1　A さんの事例
(1) 他の住民への呼びかけ

　この事例は、避難訓練を地域内において、より活発に推進・展開するために地域住民が発揮した主体性の事例です。個別避難訓練は、それに参加した住民が同じ訓練に再チャレンジするなど、避難訓練に対するこれまでになかった積極的な態度をもたらす成果を挙げました。しかし、それにとどまらず、訓練に参加した住民が、次々と新たな訓練候補者を紹介したり、別の人の訓練時に支援を提供してくれたりといった効果をもたらしました。つまり、受動的に訓練に参加するだけでなく、能動的に訓練を推進してくれる住民を生み出したのです。

　60 代の A さんは、興津地区の中央部に家族三人で暮らしています。A さんは「青松会」という老人会の会長を務め、地域の高齢者が楽しくすごせるように、いろいろな活動を企画し実行しています。たとえば、「いきいき百歳体操」という体操会を週 1 回のペースで開催し「青松会」のメンバーとともに参加しています。「体操をやるとやらないとで、身体の状態がまったく違う。やはり、身体を動かすことが大切だね」と、高齢者がしばしば口にするのを筆者はときどき耳にしましたが、この点は、この後述べるように、健康増進という範囲を超え

て津波防災とも大いに関連してきます。

　Ａさん自身の個別避難訓練では、興津小学校の子どもたちがサポーター役を担いました。防災学習に真剣に取り組んでいる子どもたちに囲まれ、Ａさんはふだんの避難訓練より３分も早く避難場所に到着しました。その際、Ａさんは「子どもたちの前で張り切ったから」と楽しそうに語っていました。その後、自身の訓練参加をきっかけに、Ａさんは他の住民を筆者に訓練参加者として推薦してくれるようになりました。さらに、自分が推薦した参加者の避難訓練をサポートし、訓練中に参加者に励ましの言葉をかけてくれることもありました。

　Ａさんが、ある井戸端会議に筆者を呼び出したことがあります。「数人がここに集まっている。何人かは（訓練に）参加してくれるだろう」と電話で状況を説明してくれました。指定された場所に行くと、数人の80歳以上の高齢者たちが雑談しています。中にはシルバーカーを押してきた人もいます。そこで、筆者は、集まっている高齢者に向けて、「今日、もしお時間あったら、一緒に訓練をしましょうか。個別避難訓練というものは、みなさんが安全だと思っている避難場所まで、私たちと一緒に逃げてみるものです……」と、型通りの説明文句で参加を呼びかけました。しかし残念なことに、お年寄りたちは「訓練ねえ……」と、だれひとりとして参加の意思を表明してくれませんでした。「もう年ですから、足腰が痛いのよ」「この間、（地域一斉避難訓練で）行ってきたよ」といった声が上がり、「もう年なので、強いのは口だけ」と、身体を動かすことに対しては消極的な態度を示す人が多かったです。

　このとき、その様子を見たＡさんは「一緒に歩くだけだよ」「ほら、毎日の散歩と同じように」と、「個別避難訓練」を「歩くだけ」や「散歩」と呼び変えて地域の人びとを勧誘してくれました。すると、「強いのは口だけ」と語っていた高齢者が、「行ってみようか？」と重い腰を上げてくれたのです。

(2) 訓練の推進力としての主体性

　上で紹介したＡさんのエピソードは、アクションリサーチという

看板を掲げながらも、自分自身こそが個別避難訓練の実施主体だと筆者が思い込んでいたことを示しています。筆者は、訓練参加者を募集する役割は自分たちにあると信じていたし、またそのときは、「避難訓練に参加しましょう」と呼びかけるのが当然だと考えていました。しかし、ふり返ってみると、筆者は、地域の慣習や言葉に不慣れなうえ、初対面の住民を相手にそれぞれの個別な事情も知らないままに、型通りの勧誘を繰り返しては失敗していました。

　これに対して、Aさんは、「歩くだけ」や「散歩と同じ」など、地域に暮らす当事者の一人として、当事者の目から見た避難訓練、地域住民の日々の暮らしにおける避難訓練のあり方を適確に描き出す言葉で、訓練参加を呼びかけてくれました。津波減災を「わがこと、われらのこと」として考えるAさんが、個別訓練を行政や専門家が主体となって行う活動ではなく、自分たちが日々している散歩に準じる活動としてとらえかえしてくれたことで、筆者は、この散歩という名の避難訓練をより広範に拡大させることができるようになりました。

　また、Aさんは推薦した訓練参加者の健康状況などを詳しく知っているため、訓練途中で訓練参加者の一人ひとりに対して適切な応援の言葉をかけることができました。たとえば、「足が痛い？　痛くないだろう？　シュッキシュッキと歩いて！」「○○ちゃんに負けない

ように！」などです。しかも、仮に筆者がこうした個別的事情を知っていて、同じような言葉をかけることができたとして、それを旧知のAさんから聞くのと外部者（筆者）から聞くのとでは、その意味合いは大きく異なったでしょう。後者の場合、不必要に急がせて訓練中の怪我を招いたり、訓練そのものに対する評価を下げたりする危険もより大きいと思われます。

　以上のことは、裏を返せば、Aさんは、避難訓練の推進役を担うことを通して、避難の当事者としての主体性を回復していったことを示しています。先述したとおり、興津地区では全人口の半分程度を高齢者が占め、地理的状況も悪いため他地域からの避難支援は困難です。こうした状況下では、まず、高齢者一人ひとりが自力で避難できるだけの身体状況にあることが、素朴なように見えても、もっとも重要な避難対策にもなります。この点で、Aさんが中心になって運営してきた「青松会」が、高齢者の健康づくりをメインに活動している点が重要となってきます。Aさんは、「私らのような若い人より、やはり年配の人のほうが訓練に参加したらいいだろう？」と、意識的に75歳以上の高齢者やシルバーカーを使う人を中心に訓練参加の呼びかけを行なってくれました。Aさんは、地域の高齢者の健康づくりの活動の推進のために発揮していた主体性を、個別訓練の推進のための主体性へと結びつけてくれたわけです。

　訓練の当事者による積極的な推進活動で、地区内では個別訓練をめぐる雪だるま式の紹介活動が展開されています。訓練参加者は１回きりの参加で終わるのではなく、自らの行動で個別訓練を発展させ、周りの人びとを津波減災へと引っ張っていくように主体的に動きはじめました。「せっかく、子どもたちが、こう、すごく頑張って、これぐらいの立派な避難場所ができたんで、わたしも（周りの知人を紹介し）頑張らないといけない」という言葉が、この意味での主体的な姿勢をはっきりとあらわしています。

4-2　Bさんの事例

(1)「二人を助けてから逃げたい」

　この事例は、避難訓練の前提となる種々の想定や避難の原則を、自分の個別的事情にあてはめて再考することを通して地域住民の主体性が発揮・回復された事例です。個別避難訓練で作成される「動画カルテ」を見ることで、訓練に参加した地域住民は、専門家や自治体が発表した新想定を、自治体や地域全体のレベルではなく、「他ならぬ私の場合」として、つまり、個別的なレベルで見つめ直すことができます。このことが、地域住民の主体性の回復の一助になるわけです。

　60代のBさんは、漁港に隣接している地域に住んでいます。Bさんは高齢化が進んだ興津地区では比較的若い方にあたりますが、耳が少し不自由で日常補聴器を使っています。また、急いで歩くと身体に負担がかかるため、ふだん外出するときには車やバイクを使っています。日頃、Bさんは、同じ地区の二人の80歳以上のお年寄り、YさんとZさんの世話をしています。彼らを病院へ連れて行ったり、買い物の手伝いをしたりなどの世話です。

　Bさんは防災・減災活動に高い関心をもち、東日本大震災の被災状況や、高知県が発表した津波想定、避難施設の整備についてもかなり詳しい知識をもっています。興津地区における津波避難のきびしさ、「津波てんでんこ」の意味や「徒歩避難の原則」の重要性についても熟知はしています。しかし、実際の災害時の避難に関して、Bさんは「地震後、車で二人のお年寄りを助けに行ける状況だったら、助けに行きたい」と希望しており、車で避難する訓練プランを自ら計画し、個別避難訓練を実施しました。

　訓練当日、Bさんは車を走らせ、避難途中にあるYさんとZさんの家へ、順番に避難の手助けに向かいました。そして訓練の様子を撮影する筆者に、手助けに要した時間をストップウォッチでしっかりと計るように要請しました。「実際の津波の時に、人を助けてからの避難だったら、どれだけの時間がかかるのかなぁといつも思う。けれどよ、わかるはずがないじゃない？　だから、本番の避難のように訓練を行い、訓練で要した時間を細かに、きっちりと調べてほしい」と

筆者に念を押しました。後日作成した避難シミュレーションによる検証結果では、最悪の想定の津波が来る場合でも、Bさんには約10分間の避難の余裕時間があることがわかりました。ただし、裏を返せば、わずか10分の余裕しかないということでもあり、家屋の倒壊等で道路閉塞が起こったり車が渋滞したり、または、Yさん、Zさんの救助にわずかでも手間どったりすると、津波に追いつかれる危険もあることもわかりました。この点は、もちろん筆者からBさんに伝えました。

(2) 自ら試して検証する主体性

　Bさんの訓練で非常に印象的だったのは、避難行動に関する客観的な記録と、訓練結果に対する科学的な検証作業を筆者に強く要望した点でした。Bさんは自ら訓練プランを立案し、実際にその通りに避難を実施してみました。しかし、Bさんはただ単に避難するのではなく、訓練結果に関する研究者による客観的分析ができるように訓練プランを練り、時には筆者に意見をきいたりもしました。Bさんは、その後も、筆者を含む研究者とともに避難の状況を再確認しながら、余裕時間の把握や道路状況の変化について検討を続けています。このように、Bさんは研究者からのサポートを積極的に要請し、津波想定を個別レベルで検証する作業を主体的に進めていきました。

　このとき、「動画カルテ」が、公表された想定を当事者が主体的に（再）検討する上で大きな役割を果たしました。なぜなら、「動画カルテ」こそが、地域住民と専門家との間の交流を支え、双方の主体性をバランスよく発揮させるためのツールになっているからです。具体的には、Bさんは、訓練プランを自ら立てただけでなく、実際に訓練に参加することを通して、避難手段や避難経路、所要時間など、避難の成否の判断に必要な情報（パラメータ）を、自ら生み出しています。こうして生み出された情報が、Bさんのつぶやきとともに、「動画カルテ」の重要な構成要素となっています。他方、津波の専門家やCG制作の専門家は、高度で複雑な津波浸水シミュレーションの計算、視聴上の効果と正確性の両方が要求される津波浸水CGの作成、さらに、相互に連動する四つの画面から成る動画全体の編集などを通して、

「動画カルテ」の作成に貢献しています。

　要するに、「動画カルテ」は、地域住民と専門家が津波減災に向けて共同作業を行うためのツールであり、共同作業のために、双方がそれぞれの「主体性」をバランスよく発揮するためのツールなのです。「動画カルテ」を通して、地域住民は、専門家や行政が提供する情報（津波想定など）を、単に客観的な情報として受け入れるのではなく、住民自らそれらの情報をふまえて主体的に何かを決断し、検証するためのデータとして活用できるようになるのです。

4-3　Cさんの事例
(1) サクラ貝が提起したこと

　この事例は、上述した二つの事例とは異なり、個別訓練に参加したCさんが、避難訓練や防災・減災活動としての効果性という狭い範囲を超えて、こうした活動が地域社会やそこに暮らす人びとの生活全体に対してもつ意味を根底から問い直す点において、力強い主体性を発揮した事例だととらえることができます。

　80代のCさんは漁港の近くで一人暮らししています。Cさんの趣味は「小室の浜」で貝殻を拾い、それを用いた貝画を制作すること、また詩や短歌を詠むことです。半世紀にもわたる貝殻拾いの成果として、自宅には美しい貝殻がうずたかく積みあげられています。「ひとり来て夜の明けゆくをじっと待つただうちかえす波の音のみ」という自作の短歌からは、Cさんが何十年も毎朝早く浜へ通い、おびただしい数の貝殻を集めてきた情景が浮かび上がります。今は高齢になって浜に出かけることはほとんどありませんが、詩や短歌の創作活動には相変わらず熱心に励んでいます。週に4～5首の作品を地元の地方紙に投稿しつづけ、2013年度には、「母と来て拾ひし貝殻振り向けば母と我との足跡ばかり」が、「最も心に響く4首」に選ばれました。

　津波浸水シミュレーションによると、Cさんの自宅は、最悪の場合、地震発生後、17分ぐらいで津波に襲われます。実際、東日本大震災の際には、興津地区でも大津波警報と避難勧告が出され、Cさんは近くの避難場所へ避難しました。Cさんの個別避難訓練は梅雨時期と重

なったため、予想外の困難に直面しました。訓練のスタート時に雨が降りはじめたのです。そのため、訓練サポーターの子どもや専門家、取材記者など、合計13人もがCさんの居室で雨がやむのを待たなければなりませんでした。

　Cさんの居室の鴨居の上には、貝画が並べてあります。貝殻で花や鳥が表現され、傍らにはCさんのサイン入りの短歌が書かれています。このとき、Cさんは、枕元に置かれていた貝殻を手元に引き寄せ、子どもたちに語りはじめました。児童たちがCさんのところに集まります。「これがホタテ貝。これがサクラ貝……」など説明するCさんに、児童が「えー、こっちがサクラ貝だと思ってた」などと返事し、少し盛り上がります。横で大笑いしながら遊ぶ児童の笑顔を見て、「いいねぇ、楽しいね」とCさんは微笑みました。後日、Cさんはこの日のハプニングを、「避難する様をカメラにおさめると遠地より来て今日も土砂降り」との短歌に詠みました。

　雨がやむのを待って訓練がはじまりました。雨後の道路は滑りやすく、Cさんは足元に気をつかいながら一歩一歩、避難場所をめざして歩き出しました。避難場所まで、100メートル程度にわたって急な坂道が続いているので、Cさんの歩みはそこでさらに遅くなりました。自宅から避難場所までは約200メートルの距離しかありませんが、このときの所要時間は9分52秒にもなりました。取材記者に対して、Cさんは「しんどかったね。津波が来たら、家と流されるわ」と嘆息をつきました。

　この日の訓練をきっかけに、筆者はCさん宅を頻繁に訪ねるようになりました。避難訓練に関する応援の言葉をかけるほか、貝画と短歌作成のことなど、いろいろな世間話をしました。Cさんの家族も、「いろいろと昔の話だって聞けるし、一緒にいるだけでもとても楽しい」「絶対にあきらめないで、最後まで避難してほしい」「逃げないとあかん」など、折に触れてCさんを激励しました。

　そんな中、Cさんの避難訓練の取材にやって来ていた取材記者が、貝画の美しさに感銘を受け、また子どもたちが貝殻や貝画に強く惹かれる様子にも強い関心をもちました。この記者は「貝画展示会をやっ

てはどうか」と提案しました。貝画展示会を開くことは、Ｃさんの長年の夢でしたが、個人の力だけで実現することは困難でした。しかし、この記者の提案と協力を得たことで道が開け、Ｃさんは体力の限界を感じつつも、家族に励まされながら展示会の準備作業に熱心に取り組みました。こうして、個別訓練の実施から約9ヵ月経った2013年4月、高知市内で1週間にわたって展示会が開催されました。小さな個人展であったにもかかわらず、来場者は200人以上を上回りました。会場で、この記者が津波避難について尋ねると、Ｃさんは「そうやね、もうこんな年になっちょって、津波が来たら、流されたほうがよいと思ってたんや。でも、この子ら（家族）には何回も怒られたし、この子らに守られていると思うと、やっぱ、死んだら、この子らが悲しんだなぁと……」「一緒に訓練をやってよかったなぁ」と話しました。

(2) 訓練の意味そのものを問い直す主体性

Ｃさんの事例は、その言葉や行動によって、避難訓練を含む地域社会における防災・減災の取り組みの意味自体が根底から問い返されている点で、非常に重要な意味をもっています。

当初、筆者などの研究者や子どもたちは、もちろんＣさんの個別避難訓練の様子を撮影する目的でＣさん宅を訪問しました。実際に

避難するのはＣさんでしたが、撮影する（観察する）主体は筆者らで、Ｃさんはあくまで撮影対象（観察対象）です。今思い返すと、このような私たちの態度や姿勢に、相変わらず、筆者らが訓練の主体でＣさんはその対象という構図が色濃く残っていたと言えます。

　しかし、雨待ちのハプニングによって、この構図に変化がもたらされます。特に、貝殻をめぐる会話を通して、Ｃさんが興津の海の魅力を強調した点が重要です。「波静かに水澄む」興津地区の海は、防災・減災の視点に立ったときには注目されがちな「怖いもの」や「余計なもの」ではなく、Ｃさんの 80 年以上にわたる人生の楽しみを支えてきた重要な存在です。Ｃさんは歌人であり発明家でもあります。80 歳代になった現在でも優れた詩や短歌が日々創作され、その貝画は全国でもおそらくＣさん一人しかつくっていません。そうした生活の知恵と楽しみを目のあたりにした筆者らは、Ｃさんを「津波避難が困難な老人」、あるいは「災害時要援護者」としてのみ見ること、言いかえれば、Ｃさんを、自分たちが主体として実行する避難訓練（防災・減災の取り組み）の対象者としてのみ見ることの愚かさを悟ったのでした。筆者たちが企画・実行してきた避難訓練は、「そもそも何のためなのか」、訓練が地域住民の生命や財産を津波災害から守るための活動だとして、住民にとっては「そもそも何が大切なのか」、こういった本質的な事がらを根底から問い直すきっかけをＣさんは与えてくれたわけです。

　こうして、筆者や子どもたちを含む訓練サポーターは、防災・減災という限定された領域からいったん離れ、Ｃさんの生活全般や人生全体にかかわる事がらにも光を当て、こぞってＣさんを支援しました。そして、こうした姿勢の変化は、防災・減災そのものにもプラスの効果をもたらしはじめました。より大きな視点に立ってＣさんと向き合いはじめた筆者やサポーターに対して、Ｃさん自身も生活者としての誇りを主体的に主張することができ、それが次第に津波防災に対する意識の変化としても現れはじめたのです。

　たとえば、貝画展示会の後、Ｃさんは津波から貝画を守るため、それまで自宅に保管していた貝画の多くを津波被害の心配がない親戚

の家に預けました。「まぁ、それなりに逃げようかという気になってきた。貝殻を持って逃げられんから、町中に預けた」が、その際のＣさんのコメントです。また、地域の一斉訓練や小学校の避難訓練のときにも、Ｃさんは周りの友だちに呼びかけて、自分自身も自発的に避難しました。家族に自分の訓練の様子をスマートフォンで記録してもらい、家族が一緒に避難訓練を楽しんでいる様子を筆者にアピールしてくれたこともあります。いずれも、個別避難訓練の以前には想像もできなかったことです。

　Ｃさんは高齢でもあり、避難訓練そのものの計画・立案、あるいは、その推進・展開といった場面に常に積極的に関与してくれるわけではありません。著しい体力の向上が見られたわけでもなく、また興津地区全体の津波防災をリードする役割を果たしてくれているわけでもありません。こうした側面においては、Ｃさんの主体性は必ずしも回復されているわけではないかもしれません。しかし、Ｃさんは、まったく別の次元で主体性を発揮してくれました。繰り返しになりますが、それが、避難訓練が、地域社会やそこに暮らす人びとに対してもつ意味を根底から問い返す作業です。このもっとも原理的な次元で、Ｃさんは、地域住民としての主体性を発揮したのです。

5　まとめ

　本章では、津波避難を含む防災・減災活動の低迷の原因が、活動の当事者たるべき地域住民の主体性の喪失にあるとの理解に立って、大きな津波リスクに直面する地域社会において、この意味での主体性を回復するためのアクションリサーチを実施しました。具体的には、高知県沿岸の地域社会において、個別避難訓練と呼ばれる新しい訓練手法を中核として展開したアクションリサーチについて紹介しました。

　訓練の結果に基づき、当事者の主体性の回復が明確にあらわれた三つの事例に焦点を当て、その意味について考察しました。第１は、避難訓練を地域内でより活発に推進・展開するための活動において主体性が回復された事例、第２は、津波想定をより個別的なレベルで再検

討する活動において主体性が回復された事例、第3は、訓練そのもの、ひいては防災・減災活動という限定された側面における狭義の主体性ではなく、こうした活動が地域社会やそこに暮らす人びとに対してもつ意味を根底から問い直す点において、当事者が主体性を発揮した事例でした。

ここで重要なことは、これらの事例において、地域住民（避難の当事者）の主体性の回復が、行政や専門家の側の主体性のポジティブな意味での喪失（言いかえれば、行政や専門家の客体化）を伴っている点です。言いかえれば、主体化した当事者（地域住民）によって、行政や専門家のほうが客体化され、その活動（避難訓練）に関して何かが問い直されています。なぜなら、1節で指摘したように、避難の当事者たる地域住民の主体性の喪失は、行政や専門家の過度の主体性の発揮と裏腹だからです。

この点について、具体的に整理しておきましょう。Aさんの事例では、避難訓練の「役割・身分」という次元で、行政や専門家の側が問い返されています。行政や専門家の側があくまでも避難訓練として推進・展開する訓練について、「散歩と同じだと思ってやってみて」「日々の体操のようなものだ」と地域住民が位置づけ直しているからです。Bさんの事例では、津波想定の「内容・要素」という次元で、行政や専門家の側が問い返されています。行政や専門家の側が予測・計算した想定や避難原則について、「この想定は私にとってどういう意味があるのか」「他の人を助けてから逃げる方法はないのか」と地域住民が問い直しているからです。Cさんの事例では、避難訓練の「意味・大義」という次元で、行政や専門家の側が問い返されています。行政や専門家の側が、無条件・無前提に重視してきた避難訓練（防災・減災活動）について、「それはそもそも何のためにあるのか」「何を守るためにそれが必要なのか」と地域住民が根底から見つめ直しているからです。

本章は、行政・専門家の指導のもとで計画・立案された防災・減災活動に地域住民が受動的に従う構図、および、防災・減災の視点からのみ地域住民を研究（観察）する構図 ── 1章で「インストルメ

ンタル」な視点と呼んだもの ── に対するアンチテーゼでもあります。現時点で想定される災害（たとえば、南海トラフの巨大地震・津波）を見据えた防災・減災活動は、地域社会の長い歴史の全体の中に位置づけた場合、そして地域社会における暮らしの全貌の中に位置づけた場合、非常に重要な要素の一つであることには疑いはありません。しかし、あくまで、そのごく一部に過ぎないことも事実です。興津地区は、そこで生活を営む住民から見ると、美しい自然に恵まれ、「遊覧に遊魚に四時の趣ある好地なり」と謳われる豊穣な生活の場です。

　しかし、研究者が防災・減災の視点だけからそこを見つめるとき、「きびしい津波想定、超高齢化、避難困難者」など、そこはまったく将来に希望のもてない土地と化してしまいます。その結果、研究対象（防災政策の対象）としての地域住民は絶望的な状況だとの評価を客観的に付与されたまま、本来自らの手で変更可能であるはずのその評価を変化させようとする主体性を喪失してしまいます。

　ひるがえって考えてみますと、こうした構図に起因する社会問題は、防災・減災に限らず、先端的な科学技術にかかわる諸問題、過疎・過密問題、教育・福祉問題などにも多々見られます。研究者と当事者との共同的実践としてのアクションリサーチは、この隘路から社会を救い出すための起爆剤になるように思われます。

3章　サイエンスする市民

矢守克也・岩堀卓弥

1 はじめに

　3章では、相互に密接に関連する二つの研究プロジェクトについて紹介します。二つのプロジェクトに共通するテーマは、地震学に関するサイエンス・コミュニケーション、別の言い方をすれば、地震学のアウトリーチです。つまり、地震学が生み出した知識を広く社会に普及させ活用してもらうための活動です。3章で注目いただきたい点を、あらかじめ二つ書いておきましょう。

　一つ目は、1章2節ですでに指摘したことで、「アウトリーチ」には2種類 ── 「浅いアウトリーチ」と「深いアウトリーチ」 ── があるとの考え方です。「浅いアウトリーチ」は、サイエンスカフェなどに典型的に見られるように、玄人（専門家）と素人（非専門家）の色分けには一切手をつけず、玄人が「出血大サービス」で手取り足取り知識・情報を親切にお伝えしますという活動に代表されます。つまり、これは「伝える」を中心とするアウトリーチです。「浅いアウトリーチ」は、いろいろな意味で即効性はあるけど、科学と社会の関係、あるいは、玄人と素人との関係に本質的な変化をもたらすことは期待薄だと言えます。

　他方、「深いアウトリーチ」とは、玄人が玄人として携わっている活動の一部を ── もちろん、そのほんの一部ではありますが ── 素人が「担う」ことを中核とするアウトリーチです。たとえば、本章の3節で登場する満点地震計の設置・保守を小学生が「担う」こと、あるいは、この後詳しく述べるように、地震学に関する「浅いアウトリーチ」をボランティアスタッフ（阿武山サポーター）が「担う」ことは、まさにこれにあたります。3章のタイトルとして掲げた「サイエンスする」という表現は、ここで言う「担う」と対応しています。

　二つ目の注目点は、「サイエンス（理学）～エンジニアリング（工学）～マネジメント（社会科学や行政）～市民」という系列に関係します。これは、減災を支える学問や実務について私たちがふつうイメージしている系列です。たとえば、まずサイエンス（地震学者）が地震や津波について研究し、その結果想定された地震や津波の大きさに耐える

ことができる建物や避難タワーをエンジニアリング（工学者・技術者）が設計・建設し、それらを活かしたリスク・マネジメントの方法（たとえば、避難計画）を社会科学系の研究者や行政職員が設定し、市民はその成果に従うことで減災を進めるという構図です。知識や情報の受け渡しの流れに注目して、この系列は「上流〜下流」にたとえられることもあります。もちろん、サイエンスが上流側、市民が下流側です。

　この「上流〜下流」のたとえは、あまり望ましくはない ── そのように感じる方も多いでしょう。実際、この系列に基づく減災理解には次のような批判があります。「上流から下流へと伝わる一方向の知識・情報の流れには問題がある、双方向のやり取りや連携が必要だ」という批判です。たとえば、建築の研究者（エンジニアリング）が、「この地域にどの程度の地震動がありうるのか、せめて××くらいの精度でインプットしてもらえませんか」と地震の研究者（サイエンス）にリクエストしたり、マネジメントと市民の関係について「市民目線で避難計画を立てる必要がある」との指摘を見聞きしたりします（たとえば、本書の2章も基本的にこの立場に立っています）。ただし、こうした問題提起やそれをふまえた活動も、多くの場合、上の系列のお隣同士の間でしか起きていません。最上流のサイエンスと最下流の市民（素人）との間は、まだまだ遠く隔てられているのが現状です。

　本章で紹介する二つの事例は、サイエンスと市民という（一見）もっとも連携しにくそうなプレーヤー同士を一気に結びつけようとする試みです。疎遠な二人をくっつけようというわけですから、すでにある程度顔なじみになっているお隣さん同士の連携よりも、一般には、より困難と予想されます。しかし、だからこそ、うまくいけば、「この二人の間にすらつながりの回路を工夫できるのなら、ましていわんや……」という論理で、減災の系列を構成するプレーヤー間の関係を一気に再編するための起爆剤になり得るとも言えます。本章が、最先端の地震観測研究（サイエンス）と、ごくごく一般の市民（小学生すら含む）という、「水と油」との関係に敢えて焦点を当てたのは、このためです。

3章　サイエンスする市民

2 阿武山観測所サイエンス・ミュージアム化構想

2-1 始動（2011年度）——観測施設からアウトリーチの拠点へ

「役割を終えたのでは？」——こんな声も聞かれた京都大学防災研究所阿武山観測所（口絵④）を、地震学のアウトリーチや防災教育のための拠点、つまり、一種のサイエンス・ミュージアムとしても活用することで盛り上げていけないだろうか。このような構想について、観測所長の飯尾能久教授（地震学）や技術職員の米田格さんと初めて話をしたのは、2010年11月のことでした。当初の構想案には次のような文章を盛り込みました。「単に学術研究のための存在にとどめることなく、地震学史を語るサイエンス・ミュージアムとして、広く一般に開かれ、地域に密着しながら、より多くの人に学びを提供する施設として生まれ変わらせることが大事ではないか」。この姿勢は、今もプロジェクトのベースとなっています。

さて、阿武山観測所は、今から85年以上前、1930（昭和5）年に建設されました。そのため、日本における地震学の草創期に導入され、その後の地震学の発展を支えた歴史的価値のある地震計が当時の姿のままで多数保存されています。少しだけ例を挙げれば、水平・垂直それぞれの方向を計測するユニットが約1トンもある巨大な最初期のウィーヘルト地震計（図3-1）、著名な長周期地震計で1943年の鳥取地震や1948年の福井地震をとらえた佐々式大震計（図3-2）、米ソ冷戦時代に核実験の察知目的にも使われた米国製のプレス・ユーイング式地震計（図3-3）などです。

サイエンス・ミュージアム化構想にとっては、こうした観測所の宝物を活かすことがまず大切だろうと考えました。そこで、最初の取り組みとして、これら歴史的な地震計を一般の方に見ていただくための機会——「阿武山オープンラボ」と命名——を設けることにしました。そして、その第1回を、2011年4月初めに予定し準備を進めていました。図3-4は、その記念すべき「第1回阿武山オープンラボ」のために作成したチラシです。

ところが、その直前、東日本大震災が発生しました。開催すべきか

図 3-1　ウィーヘルト地震計

図 3-2　佐々式大震計

図 3-3　プレス・ユーイング式地震計

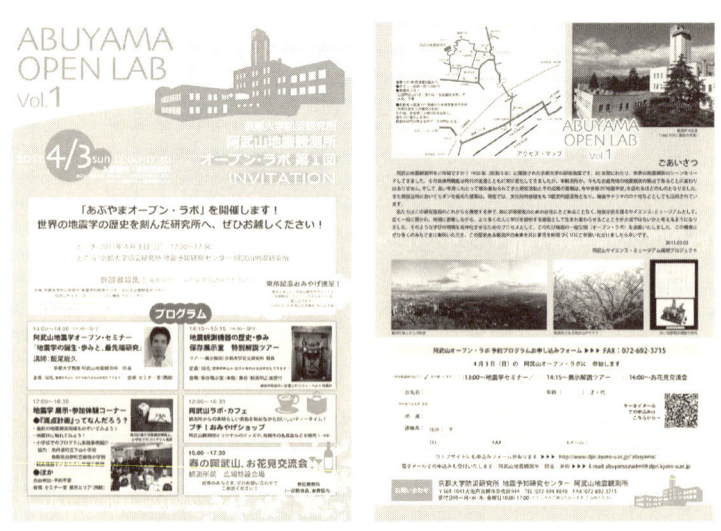

図3-4 「第1回阿武山オープンラボ」のチラシ

否か、ずいぶん迷いました。「イベントをしている場合ではない」と考えざるをえない状況だったからです。しかし、当時聞こえてきた、そして今も耳にする、「防災学は社会の役にたっているのか」「地震学はきちんとリスクを伝えてきたのか」── このような反省の弁をふまえるなら、今こそ、科学と社会、あるいは防災の専門家と一般の人とをしっかりとつなぎ直し、両者の関係を根本から再構築することをめざした試みをスタートすべきではないか。そのような思いから、第1回のオープンラボは、予定通り開催することにしました。

その後、所内外の支援者に支えられ、多くの方々に来場いただける施設となりましたが、当初はPRも行き届かず、少人数でのささやかなスタートになりました。しかし、今ふり返ると、東日本大震災の発生と前後する時期に、つまり、科学と社会の関係が根底から問い直されることになるこの時期に、地震学の観測施設のひとつをサイエンス・ミュージアムとしても活用する構想を温めていたことには、大袈裟に言えば運命的なものを感じます。実際、たとえば、地震学会が東日本大震災をうけて2012年にまとめた「地震学の今を問う：東北地

54

表3-1 2011年度の活動

2011.4.3	第1回オープンラボ
2011.5.19	見学会
2011.7.31	第2回オープンラボ
2011.8.17	見学会
2011.9.3	見学会
2011.9.21	見学会
2011.10.19	見学会
2011.11.4	見学会
2011.11.6	第3回オープンラボ
2011.12.21	見学会
2012.2.15	第4回オープンラボ

方太平洋沖地震対応臨時委員会報告」[注1]の中で、「議論のまとめ」として提示された四つの項目の一つとして、「教育の現場やメディアで地震学の知見をどう伝えるか」、すなわち、アウトリーチが登場しています。

とは言え、プロジェクトを開始した初年度（2011年度）は、まだ細々とした歩みでした。表3-1は、このプロジェクトについて研究を進めている日岡惇くん（私の研究室の大学院生）がまとめてくれた活動状況です（表3-2以降も同様）。表3-1のとおり、2011年度は、特別の催しとしての「オープンラボ」を年4回、一般の施設見学会を加えても年10回程度、施設を公開する機会を設けるのがやっとでした。一般の方を施設に迎え入れるための施設的環境もノウハウも、また ── ここが特に重要ですが ── 人材（マンパワー）も不足していたからです。ちなみに、年度を通しての訪問者数は553人でした。

2-2 転機（2012年度）──《阿武山サポーター》の誕生

大きな転機となったのが、2012年6月に実施した《阿武山サポーター》（以下《サポーター》）の養成講座です（図3-5）。前節の最後に書いたように、サイエンス・ミュージアムとしてより多くの方を訪問者として迎え、地震学の今を伝え、また歴史的な地震計を見ていただ

3章　サイエンスする市民　55

図 3-5 《阿武山サポーター》養成講座の一場面

くためには、そうした活動を担う人材が必要です。しかし、当時（そして今でも）、兼任の私自身や非常勤の職員を含めても直接関係するスタッフは、観測所にはわずか四人しかいませんでした。本章1節および1章で用いた言葉を使えば、「浅いアウトリーチ」を担うマンパワーすら不足していたわけです。

そこで、思い立ったのが、一般の市民の方から（時には、訪問者自身の中から）、こうした活動に興味・関心のある方を募り、一定の研修プログラムを受けてもらった上で、訪問者に対する地震学の基礎講座や歴史的な地震計の見学ツアーのガイド役などを担ってもらってはどうかというアイデアでした。このアイデアの実現にあたっては、今回のプロジェクトに当初から関与してもらっていた平林英二さんの尽力が決め手となりました。平林さんは、防災・減災に関連する博物館施設としては国内最大級の「阪神・淡路大震災記念 人と防災未来センター」のミュージアムディレクターで、サイエンス・ミュージアムの運営一般にも詳しい方です。表3-2に示した《サポーター》の養成講座のプログラム（図3-6は養成講座のチラシ）には、平林さんの経験とノウハウがたっぷり盛り込まれています。

翌年開催した第2回の養成講座を含めて、これまで合計で57人がこの講座を受講しています。その後希望される方は、ガイドツアー等

表 3-2 養成講座のプログラム

===１日目===

10:00　受付開始

10:15　開講挨拶　　　「阿武山サイエンス・ミュージアム構想」について

10:30　セミナー１　　「阿武山地震観測所の役割・機能と歴史 ── 地震観測の歴史と阿武山観測所の地震観測機器」

11:30　ガイドツアー　歴代地震計・地震観測機器 保存展示室

　　　（12:10　昼食休憩）

13:15　セミナー２　　「阿武山地震観測所の地域資源・文化的魅力」

13:45　セミナー３　　「after1.17 & 3.11、私たちはこれから何を学びどう行動するべきか」
　　　　　　　　　　地震学・減災学は今何が目指されているのでしょうか。そして私たち市民ひとり一人が学ぶことの必要性や意義について考え合おう。

　　　（14:30　休憩）

14:45　ワークショップ「私の可能性を活かしたサポーター活動、阿武山でやりたいこと、できることを探そう」
　　　　　　　　　　共働し、自分自身が輝く。そんな「地震・減災　学びのミュージアム」を形成しよう。

16:20　観測所施設案内ツアー

16:45　交流会

18:30　終了

===２日目===

10:00　受付開始

10:30　セミナー４　　「満点計画と満点地震計について」
　　　　　　　　　　世界最小最軽量の「満点地震計」の観測波形を使って、満点計画に触れてみよう。

　　　（12:00　昼食休憩）

13:15　セミナー５　　「市民減災アクション・プログラム」
　　　　　　　　　　今、ここで災害が発生したらどう行動するべきか。備えはどのくらいできているだろう？ 考えを交換して、「その時」への備えを深めよう。

　　　（14:30　休憩）

14:45　セミナー６　　「接遇研修（エマージェンシー対応プログラム付き）」
　　　　　　　　　　来館者に快適に過ごしていただく基礎テクニックを身につけよう。そして非常時の案内からサポートまで、究極のサービス・スキルを修得しよう。

16:00　サポーター仮認定証発行、閉講挨拶

図 3-6 《阿武山サポーター》養成講座のチラシ

を観測所スタッフの後見のもとで実施する実地研修を経て、《サポーター》として正式認定され、これまで合計 40 人が認定されています。年齢別には 50 歳以上がほとんどで、性別では男性が 8 割以上、勤め先を定年退職した男性が大勢を占めています。

さらに、《サポーター》として本格的に活動を開始した方々は、随時フォローアップ研修を受けるほか、《サポーター》独自の会も結成しています。この会は、地震計の一つから名を借りて「ガリチン会」と呼ばれていて、独自のホームページもあります。また、「サポーターミーティング」がほぼ毎月開催され、観測所のスタッフも、このミーティングには参加しています。

《サポーター》の活動開始とともに、いろいろなことが一気にまわりはじめました。2013 年度からは、「オープンラボ」あらため「一般見学会」におけるガイドツアーの多くを《サポーター》が担当するようになりました（図 3-7）。見学会の終了後かならず実施するアンケート調査の分析結果をみると、観測所のスタッフ（研究者）が案内したケースよりも《サポーター》が担当した場合のほうが、来場者の評価

図 3-7　見学会のようす

が平均して高い（時には、はるかに高い）といった苦笑いしたくなるような現象も起こっています。アンケートの自由記述欄には、「ガイドさん（《サポーター》のこと）の説明が上手でよくわかりました」「小学生のとき、この建物の前まで遠足で来ました。当時、中には入れませんでした。60年の念願が叶いました」といった前向きの声がめだつようになりました。

　この結果、2012年度には、21回ものイベントが開催され（表3-3）、年間の訪問者数は、505人でした。人数に変化はなかったですが、小さなイベントを高頻度で開催することができるようになりました。

　さて、この段階で《サポーター》が担っているのは、さしあたって「浅いアウトリーチ」です。玄人が生み出した地震学の知恵のほんの一部を、素人ならではの噛み砕き方で、自分たちよりもさらに素人の色合いの濃い人びとに伝える活動です。しかし、「浅いアウトリーチ」（伝える）を、玄人（研究者）に代わって《サポーター》が担うためには、言いかえれば、玄人が素人に「浅いアウトリーチ」を任せるためには、それなりの準備と息の長い交流が必要です。これは非常に大切なポイントなので、少し詳しく書いておきましょう。

　つまり、ガイドツアー等で説明すべきことさえ伝えて、それを大禍なくこなしてもらえることを確認したら（これが「資格認定」の条

3章　サイエンスする市民 | 59

表3-3　2012年度の活動

2012.4.18	第1回一般見学会
2012.5.16	第2回一般見学会
2012.6.2	第2回サポーター養成講座
2012.6.3	第2回サポーター養成講座
2012.7.29	夏休み企画
2012.8.22	団体見学会
2012.8.23	団体見学会
2012.9.12	団体見学会
2012.9.19	団体見学会
2012.9.24	団体見学会
2012.10.17	サポーター研修（フォロー研修）
2012.10.20	サポーター研修（フォロー研修）
2012.10.21	第3回一般見学会
2012.11.4	第4回一般見学会
2012.11.21	第5回一般見学会
2012.12.19	第6回一般見学会
2012.12.21	第7回一般見学会
2013.1.21	サポーター研修（フォロー研修）
2013.1.23	第8回一般見学会
2013.2.20	第9回一般見学会
2013.3.3	第10回一般見学会

件となります）、それでおしまい ── こういった、それこそ浅いかかわりだけでは、この種のアウトリーチ活動はうまくいきません。フォローアップ研修やサポーターミーティングを通して、ガイドツアーの出来映えなどについて研究者と《サポーター》、あるいは《サポーター》同士がチェックするなど、玄人と素人の交流が息長く継続することが不可欠です。なぜなら、このような継続的な交流を欠いた中では、早晩、《サポーター》（素人）の側に、「私たちは、本来研究者がなすべき活動の下請け、しかも無給の下請けをさせられているだけではないのか」という感覚だって芽生えてくるだろうからです。そうではなく、研究者、《サポーター》双方に対して、「これは、両者がパー

トナーとなることで初めてできた活動で、それを私たちが共同で担っている」という感覚を生むような運営が求められます。

　この後述べるように、阿武山観測所では、これまで培われてきた信頼関係がベースとなって、《サポーター》が、他のサイエンス・ミュージアムの活動に観測所の看板を背負って「出前」する試みや、3節で紹介する満点地震計の設置・保守活動に参画するといった新たな展開が開始されています。この意味で、「浅いアウトリーチ」（伝える）のための体制を本気で整えることは、全体として「深いアウトリーチ」（担う）を実現するための一つの道筋になるものと思われます。

2-3　発展（2013年度以降）——《サポーター》が自ら、そして外へ

　この時期の特徴は、次の2点に集約されます。一つは、《サポーター》による主体的な活動がはじまったこと、もう一つは、《サポーター》が観測所の外へと活動の舞台を広げていったことです。

　最初の点は、要するに、当初、私たち（研究者）の側が《サポーター》に担ってもらおうと期待していたことをはるかに超える活動を、《サポーター》が自ら考案し実行しはじめたということです。具体的には、たとえば、地震計のしくみをわかりやすく解説するための模型教材等の独自開発、子ども向けのプログラムとしてのペットボトル地震計製作プログラムの構成と担当（図3-8）、阿武山観測所がもつ多様な魅力を活かしたサブツアーの提案と実行などです。最後のサブツアーとしては、たとえば、観測所周辺が古墳でもあることから（藤原鎌足の墓と言われています）設定された「歴史ツアー」、観測所の建物が典型的昭和モダンの風合いをもつ建造物であることから設定された「建物ツアー」などがあります（「大阪府の近代化遺産総合調査報告書」でも注目すべき近代化遺産として取り上げられています）。

　これらは、一見、ここでの主題とはあまり関係のない些末なことのようにも映ります。しかし、アウトリーチ、特に「深いアウトリーチ」の観点からは――自分たちの反省の念も込めて――重要な示唆をもつエピソードだといえます。つまり、上で「継続的なかかわりが大事」などと主張しましたが、そのように思えるようになったのも、《サポー

図3-8　ペットボトル地震計製作セミナーのようす

ター》から上記のような自主的な提案が次々に出てきたから、というのが正直なところです。継続的に話し合わざるを得なくなったわけです。また、「体のいい無給スタッフ扱いではいけない」とも書きましたが、こうした活動を「期待以上」と私たちが感じること自身、自分たちが当初、「浅いアウトリーチ」（ガイドツアーの代行）だけを《サポーター》に期待していたことを物語っています。このような狭い思い込みを超えて、《サポーター》（素人）の側から、どれだけ主体的な活動を引き出せるか ── すなわち「深いアウトリーチ」を実現するためには、研究者（玄人）の側にこのような問題意識とそれをふまえたアクションが求められます（1章2節の記述も参照ください）。

次に、活動の舞台の広がりについて簡単に記しておきます。《サポーター》のめざましい活動は内外の評判を呼び（マスメディアでも何度も取り上げられました）、現在では、先述の「人と防災未来センター」におけるアウトリーチ活動、地元の自治体が主催する防災・減災のためのイベントなどでも、《サポーター》が主導するプログラムが実施されるようになりました。さらに、最新の、特筆すべき展開としては、《サポーター》が、この後3節で詳述する「満点計画」（正確には、その関連研究として主に鳥取県で実施中の「0.1満点計画」）の一翼を担って、地震計の設置・保守活動にもかかわりはじめたことです。観測所

表 3-4　2013 年度の活動

2013.4.3	一般見学会	2013.10.5	一般見学会
2013.4.6	一般見学会	2013.10.15	団体見学会
2013.4.21	団体見学会	2013.10.18	団体見学会
2013.5.2	一般見学会	2013.10.20	京大ウィークス
2013.5.5	一般見学会	2013.10.21	京大ウィークス
2013.5.11	開所記念イベント	2013.10.22	京大ウィークス
2013.6.5	一般見学会	2013.10.30	団体見学会
2013.6.8	一般見学会	2013.11.6	団体見学会
2013.6.22	サポーター養成講座	2013.11.7	一般見学会
2013.6.23	サポーター養成講座	2013.11.10	一般見学会
2013.6.25	一般見学会	2013.11.13	団体見学会
2013.7.4	一般見学会	2013.11.23	団体見学会
2013.7.7	一般見学会	2013.12.3	団体見学会
2013.7.11	団体見学会	2013.12.4	一般見学会
2013.7.27	夏休み企画	2013.12.7	一般見学会
2013.8.3	夏休み企画	2013.12.14	団体見学会
2013.8.7	一般見学会	2013.12.16	団体見学会
2013.8.10	一般見学会	2014.1.9	一般見学会
2013.8.30	一般見学会	2014.1.12	一般見学会
2013.9.5	一般見学会	2014.2.5	一般見学会
2013.9.8	団体見学会	2014.2.8	一般見学会
2013.9.20	団体見学会	2014.3.6	一般見学会
2013.9.23	団体見学会	2014.3.9	一般見学会
2013.10.2	一般見学会		

における狭い意味でのアウトリーチ、つまり、「浅いアウトリーチ」を出発点にした《サポーター》の活動が、研究者の研究活動（観測活動）の一部を本格的に担う活動、つまり、「深いアウトリーチ」にまで広がってきたわけです。

　以上の結果、2013 年度の観測所の活動は、表 3-4 のとおり、質量共に飛躍的に増大しました。イベントの合計数は 47 回、来訪者数は合計 1568 人に上りました。よちよち歩きだったサイエンス・ミュージアム化の活動も、ようやく軌道に乗りはじめたわけです。

図 3-9　リニューアル後、活動再開のようす

　最後に、阿武山観測所の最新の動向と展望について簡単に記して、本節を締めくくりましょう。天の配剤というべきか、阿武山観測所は、2014年度の後半から2015年後の前半まで、ちょうど1年間、耐震化工事（リニューアル工事）のために一時休館することになりました。そのため、14年度の前半、13年度までの流れをそのまま継承して、《サポーター》が大車輪の活躍をして半年足らずで25回ものイベントを開催した後、2014年7月5日の「クロージングイベント」を最後にいったん活動を停止しました。

　もちろん、《サポーター》は、1年間休眠していたわけではありません。むしろ、ホームグラウンドの観測所が使えないことを逆手にとって、積極的に外部での活動を進めました。「サポーターミーティング」を定期的に開催しながら独自の教材開発などを進める一方で、観測所外への「出前」は継続し、上記の「0.1満点計画」への参加もこの時期にはじまりました。

　こうして「阿武山観測所」は、2015年7月4日に開催されたリニューアルイベントをもって、活動を再開しました（図3-9）。最先端の地震観測研究の拠点であると同時に、アウトリーチの根拠地でもあるというユニークな特性を、真の減災社会を構築するためにこれからも活かしていきたいと考えています。

3 満点計画学習プログラム

3-1 「満点計画」とは？

　本節では、子どもたちによる地震観測の取り組みを紹介します。前節で紹介した阿武山観測所で進められている最新の地震観測は地震学の変容とともに変化を続けており、現在では、高精度の、しかも取り扱いの容易な小型地震計による多点型地震観測が主流となっています。こうした最新式の地震計のおかげで、子どもを含め専門家でない人も地震観測に参加できる環境が整い、本節で紹介する小学校に地震計を設置した地震観測の試みも可能になりました。小学生がこの地震計による観測やメンテナンスを担うことを通じて、「浅いアウトリーチ」が「深いアウトリーチ」へと変化していく過程を示すことができればと思っています。

　まずは導入として、阿武山観測所での地震観測活動を母体に生まれた「満点地震計」と、これを使った「満点計画」について紹介します。満点地震計は阿武山観測所の飯尾教授らのグループによって、2008年に製作された地震計です。満点地震計（図3-10）は、約1キログラム、片手で持てる小型地震計です（実際には、地震動の記録を保存するCFカードを装着するロガーや乾電池など関連機器一式を収納した市販のクーラーボックスが、地震計本体とは別に必要です）。2節で紹介したウィーヘルト地震計（図3-1; 53ページ。重さ約1トン）と比較すると、地震計はこの80年で1000分の1に小型化されたことがわかります。

　満点地震計は、従来の約2分の1の省消費電力性能により、単一電池で連続数ヵ月の長期観測ができます。この特徴によって、山間部など人間の生活によるノイズが少なく観測に適した場所では、逆に電源や通信網の確保が困難というこれまでの制約条件を乗り越えて、高密度の地震計配置を可能にするのが満点地震計の強みです。メンテナンスも容易なので、人手のかかる作業は基本的に年2回のみです。それ以外の平常時には、静かな集落の小屋の裏、小さな崖に露出した岩盤の上、交通量の少ない林道の脇など、思わぬところでひっそりと満点

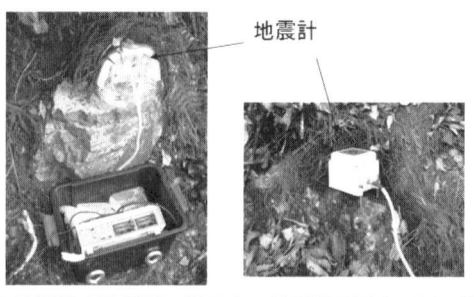

図 3-10 満点地震計の設置例。岩盤上に地震計を固定、下に電池とデータロガーを収納した箱がある。

地震計による自動地震観測が続いています。

　飯尾教授らは、この満点地震計を特定の地域に集中的に配置した、高密度の地震観測を開始しました。これが満点地震計による稠密多点型地震観測計画、通称「満点計画」です。「満点計画」という名称は、目標観測点数が1万点という意味の「万点」と、これ以上ないという意味の「満点」の二つの意味を込めて名づけられています。2014年7月時点で、近畿地方の北部に82ヵ所、鳥取県西部から島根県東部にかけて約50ヵ所、他に長野県西部地区、濃尾地区、九州やニュージーランド等に合計250点の満点地震計を設置して高密度の観測体制を敷いています。

　たとえば、鳥取県西部であれば、2000年、鳥取県西部地震を引き起こした長さ20～30キロメートルの断層を囲むように、50平方キロメートルの範囲に約50点の満点地震計を設置しています（口絵⑤）。全国で1000点近くの高感度地震計を設置しているHi-NETと呼ばれる地震計ネットワークでも、この範囲に設置されている観測点は10点ほどですから、たしかに相当の高密度です。この超高密度の地震計群は、ちょうど、CTスキャンがレントゲン写真よりもはるかに高解像度で身体の内部画像を提供してくれるように、地球の内部構造をこれまでになかった細かさで提供してくれます。この高精度の情報を通じて、従来詳しくわからなかった内陸地震の発生メカニズムを明らかにしよう。これが「満点計画」の目標です。

なお、2014年度からは、鳥取県西部地域において、さらに高密度の地震観測プロジェクトがはじまりました。2015年春と夏には80ヵ所の観測点が増強され、2017年度には1000点の観測網を構築する予定です。1000点を0.1万点と言いかえて、「0.1満点計画」と称しています。この規模になると、専門家だけで地震観測を行うこと（地震計のメンテナンスを行うこと）がかえって非現実的になります。そのため、ボランティアの地域住民との連携を前提とした観測計画が練られています。本節で紹介する小学生との取り組みは、この地域住民との連携の先駆けとなるものです。

3-2　小学生が担う地震観測

　京丹波町立下山小学校は、京都府中部の中山間地域に位置する全校生徒約70名程度の小規模校です。地図で同地域を見ると、国道と鉄道と河川が全然違うところを走っていて不思議な印象を受けます。実際に現地に行ってみれば、下山小の校舎周辺は高屋川が掘り込んだ河岸段丘になっています。下山駅と隣の胡麻駅との間はなだらかな牧場地帯で、ここでは海抜約210メートルの平地が分水嶺になっています。国道で京都方面に向かえば広々とした水田も現れます。けっして険しくはないのですが、それでいて変化に富んだ地形が印象的な一帯です。

　この下山小学校の敷地内に、満点地震計が設置されたのは2009年度のことです。最先端の地震観測研究、すなわち「満点計画」と、小学校での防災教育の両方を相乗的に推進することを目的として、満点地震計が初めて小学校に設置されました。同小は、高槻・有馬断層のある、大阪府北部と兵庫県の一部から京都府中部と滋賀県西部にかけての微小地震の多発地域に位置しています。このため、満点計画の地震観測網がもともと敷かれており、同小の地震計はその新しい1点として設置されました。設置以降、地震計のデータ回収のタイミングごとに、筆者らの指導のもと、小学生が地震計のメンテナンス作業を行い、教室では地震計と関連したテーマで授業を行うという形で、防災教育が続けられています。

　2009年12月の地震計設置時には、多くの関係者が集まりました。

この日の主役は6年生の児童たち、そして満点地震計でした。教室での授業ではオシロスコープに表示されるリアルタイムの震動波形を見ながら、初めて見る満点地震計のイメージをつかんでもらいました。子どもたちがほんの少しでも教室内で動くと、オシロスコープの画面を拡大投影したスクリーンには大きく動く波形が表示され、満点地震計がいかに敏感な地震計かということがわかります。この後、満点地震計の設置方法を解説し、いよいよ屋外に出て地震計の設置作業に移ります。

体育館裏の地震計の設置作業では、子どもたちがすべての作業を行いました。コンパスで東西南北を合わせ、水準器で水平を取り、セメントで地震計を固定しました。普段使わない道具の使い方は、同行した防災研究所の技術職員からの手ほどきを受けながら作業を進めます。記録機器（データロガー）とGPSアンテナも指示書に合わせて設置し、地震観測の開始手続きに移ります。種々のランプの表示を確認して地震計やロガーの作動がうまくいっていることを確認し、最後にスタートボタンを皆で押して起動の手続きを完了しました。こうして、下山小学校での地震観測がはじまりました（図3-11）。

翌年（2010年）には、鳥取県日野町立根雨(ねう)小学校でも、満点地震計による地震観測を中心とした防災教育をはじめました。根雨小学校は、鳥取県西部の中山間地帯にある小学校です。児童数は下山小学校と同程度、全学年で約100名の小規模校です。日野町は、2000年の鳥取県西部地震で最大震度6弱を記録し、幸いにして死者こそ出なかったものの、同地震でもっとも大きな被害の出た地域です。地震から10周年にあたる2010年度に、「鳥取県西部地震から10周年事業」の一環として防災教育を推進しようとしていました。その関係者と阿武山観測所のスタッフとの間に接点があったこと、および、同地域が満点計画の観測網（上述）の内部に位置していたことなど条件がうまく重なり、同校にも地震計が設置されることになりました。

ただし、一つだけ下山小学校とは違って条件面で制約が生じました。設置の前に、同校の敷地内に地震計を置くことを念頭に設置場所の調査を行いました。すると、学校近くを通る国道や鉄道などのノイズ

図 3-11　下山小学校での地震観測のはじまり

(日常的な震動)が大きいことがわかったのです。このため、地震計は学校内ではなく、約2キロメートル離れた地点(ただし校区内)に設置することにしました。地震計は、2010年5月17日、根雨小学校での第1回の授業の開催時に児童の手で設置されました。

同小は、鳥取県西部地震の被災地でもあることから、この他にも、家族や地域の人や災害ボランティアの人たちに聞き取りを行う授業や防災教育が行われています。それを通じて学んだことを防災フォーラムや学習発表会で発表するなど多様な防災教育のプログラムが実践されています。そのため、満点地震計を活用した防災教育も、こうした実践と連携しながら進めています。

3-3　満点計画学習プログラム

次に、満点地震計のメンテナンスと連動して進めている防災教育、「満点計画学習プログラム」について紹介します。下山小では2009年度から、根雨小では2010年度から継続的に実施してきました。両小とも、毎年6年生がこのプログラムに参加しています。「満点計画学習プログラム」は、1年間で全4回の授業プログラムとして構成されています。地震計の本来の性能を生かし切れば年2回のメンテナンス(授業)で済むのですが、季節に1回程度の頻度が授業ペースとしては最適だろうと現場の先生方からアドバイスを得て、メンテナンス

（授業）の機会を意図的に年3～4回に増やす設定にしています。

「満点計画学習プログラム」は、満点地震計のメンテナンスやデータ回収の作業と教室での授業の2本柱で進めています。メンテナンスでは、児童にその作業を担ってもらいながら、地震学の専門家の役割の一部を実感してもらえるよう工夫しています。具体的には、児童を数人ずつ3グループに分け、各グループが「観測終了の手続き」「電池とCFカードの交換」「観測再開の手続き」のそれぞれの作業を担当することが標準的です。

また、満点地震計からは、当然地震活動のデータが得られますので、教室での授業では、そのデータを可能な限り活かした内容を心がけています。たとえば、2011年度には、自分たちの地震計で観測した波形を読み取るグループワークを行いました。これは地震観測の専門家の仕事を体験してもらおうというコンセプトのもとに企画した授業でした。満点地震計が観測した波形から、雨、列車、車など、地震以外の原因で生じた震動記録と、地震による震動記録を区別してみようという授業です（実際、こうした区別は専門家が行う作業の一つです）。

授業のために準備した資料には、いくつもの波形データがプリントアウトされています。これらの中から地震の波形を判別し、グループごとに発表してもらいます。地震波形の判別には、地震だけに見られる特徴、つまり、P波とS波の形をしっかり見きわめることが大切になります。他方で、たとえば、列車による震動は、毎日ほぼ同時刻にほぼ同じ大きさの、同じ形の波形をもたらすことが大きなヒントになります。こうしたことを学びながら、子どもたちは満点地震計のデータを読み取っていきました。

さて、筆者（岩堀）自身が「満点計画学習プログラム」に本格的にかかわるようになったのは、2011年度からです。それまでこのプログラムを担当していた先輩が卒業してその後を引き継いだという形です。これはちょうど東日本大震災の直後からというタイミングになります。未曾有の大震災が起こった直後の世の騒然とした空気は、直接の被害のなかった京都でもはっきりと感じられました。たしかに、満点計画のターゲットは内陸地震であり、東日本大震災を引き起こした

プレート境界型の地震ではありません。しかし、地震に関する授業を子どもたちに実施するとすれば、「3.11」を内容から外すことはできないと自然に思いました。以下に紹介する「満点計画学習プログラム」の流れは、この年、2011 年に試行錯誤しながら原型をつくったものです。

　1 年間の授業展開例を示しておきましょう。たとえば、2011 年度、第 1 回目の授業では、東日本大震災の原因となった巨大地震の波形を通して地震と満点地震計について学びました。第 2 回目の授業では、ペットボトル地震計の工作を通して地震計のしくみについて実技方式で学びました。第 3 回目の授業では、満点計画と専門家の役割について学びました。具体的には、地震研究のためには、被害をもたらすような大きな地震だけではなく、人が感じることができないような小さな地震について普段から調べておくことが大事であること、より細かく調べるためにたくさんの観測点でデータを集めていること、そして、地震動の観察自体は満点地震計が自動でしてくれるが、地震計がきちんと動いているかどうかは人がしっかり管理しないといけないこと、こういったことを伝えました。

　最後の第 4 回目の授業では、下山小学校の児童は阿武山観測所を実際に訪問し、2 節で述べた歴史的地震計の見学を行うなどして、それまでの授業内容についてより深く学びました。残念ながら、根雨小学校は阿武山観測所から遠く離れているため、観測所訪問は実現できませんでした。このため、根雨小学校の地震計で観測した波形の読み取りグループワーク（上述）を行い、実際に得られたデータを用いて地震観測の専門家の役割の一部を体験しました。なお、この年は、東日本大震災が起こったために、1 回目の授業を「満点地震計と満点計画」の紹介としない、変則的な構成の授業プログラムとなりました。

3-4　「担う」ことがもたらすこと

　繰り返しになりますが、本節の注目点は、「浅いアウトリーチ」と「深いアウトリーチ」の違いです。具体的に言いかえれば、小学生が、単に地震学に関する知識・情報を学ぶのではなく、地震計の設置やメ

ンテナンスを担うということが、どのようなコミュニケーションの可能性を開いていくのか、実例を通して見ていくことを目的にしています。

あらためて、「担う」という言葉を辞書的にとらえれば、「ある物事を支え、推し進める。また、自分の責任として身に引き受ける。負担する」という意味です。小学校が地震計を担うことには、主体的な試行錯誤ができる地震観測の条件を整えることで、専門家の役割を追体験すること ── 時には専門家よりも先に何かを体験すること ── への期待を込めています。

しかし、期待と現実の間にはまだ乖離もあります。たとえば、トラブルが多いという課題があります。2011年の学習プログラムでも、一筋縄では収まらないトラブルがありました。ここでは、この点について、筆者自身の試行錯誤も交えながら紹介します。トラブル対応の過程に、地震学の専門家と非専門家との間のコミュニケーションのあり方、ひいてはサイエンスと社会との間の関係が垣間見え、この点についてしっかり見つめていくことが、今後、「深いアウトリーチ」を実現していくために欠かせない鍵となっているように思えるからです。

2011年10月初旬、下山小学校の先生から筆者の携帯電話に着信がありました。この日は取り込み中で対応できず次の朝にあらためて連絡したところ、地震計のメンテナンスをしていたが、うまくいかなかった旨を伝えられました。筆者はこのときすでに3～4回、自分の手でメンテナンスをした経験がありましたが、目の前に現物がない状況で電話だけでトラブル対応はできないと判断し、経験豊富な技術職員に連絡を取り、助けを求めました。技術職員からその先生に「メンテナンスはスケジュール通りに、作業はマニュアルに沿ってお願いします。回収したCFカードはこちらに送ってください」という連絡があったことは、後になって知りました。

翌週、再びこの先生から電話がありました。指示通りメンテナンスをしたがやはりうまくいかない、とのことでした。筆者は再び技術職員に助けを求めました。両者と交互に連絡を取ってトラブル対応を進めているうちに、以下のことがわかってきました。満点計画学習プロ

グラムは、小学校（先生方や児童）と、地震観測研究（満点計画）の推進者（技術職員など）、学習プログラムの担当者（筆者など）の3者の共同で成立しています。しかし、特にメンテナンス作業やデータの受け渡しについて、誰がどこまでを担当するのかについて、相互の連絡が十分でない部分があった上に、今回のトラブルがあらかじめ小学校に渡しておいたメンテナンス・マニュアルには明記されていない種類のトラブルであったために、問題が複雑化してしまったのでした。技術職員は、（小学校との窓口を務めているはずの）筆者に対して「しっかりしてくれよ」という思いを抱きつつ、小学校に対しては「まずはマニュアルに沿った手続きをお願いします」としか言えなかったのでしょう。他方、小学校の先生の気持ちを想像してみると、他の業務で忙しい中、子どもたちが直面したメンテナンスのトラブルに対応していたら、直接連絡を取った筆者は要領を得ないし、会ったこともない人（技術職員）から「しっかりお願いします」と言われた形になり、けっして気分がいい状況ではなかったと思われます。

　全員が落ち着いたところで、あらためて、その翌週に、現地（小学校）で3者が立ち会ってメンテナンス作業を行うことができるスケジュールを再調整し、無事、地震計を再起動しました。このとき回収したデータを見ると、データロガーだけでなく地震計本体にも異常があったようで、さらに次の週に地震計本体を交換して、ようやくトラブルが収束しました。後になって冷静にふり返れば、地震計本体に異常があったため、データロガーの起動の手続きが地震計のチェックのところで止まってしまうというトラブルでした。

　たしかに、こうした経験をした上で先のメンテナンス・マニュアルを見れば、その行間には、今回のトラブルやその対応方法もはっきりと読み取ることができます。しかし、行間にだけ書かれていること（つまり、明示的には書かれていないこと）は、専門家の目には入っても、非専門家には当然ながら理解不能です。また、連絡が錯綜した問題も、筆者ら防災研究所の側（地震観測の専門家と防災教育の担当者の連合体）と小学校サイドとの窓口を一本化するという、ごく常識的なやり方で解消するものでした。後からふり返ればいずれも実にシ

3章　サイエンスする市民

ンプルな問題なのですが、現在進行形のその時点では、状況を正確に把握することは困難で、結果的にはこのトラブルの収束のために丸々1ヵ月を費やしました。

　こうして考えてみると、「マニュアルの徹底」「地震計の正確な状態を伝える」といった一言で済ませて何の問題もなさそうなところに、コミュニケーションの難しさが潜んでいるように思います。今回のトラブル対応では、お互いに十二分に了解可能な前提はどこまで形づくられているのかという根本的な地点にまで立ち戻ったコミュニケーションが必要になりました。このとき役に立つのは地震学の高度な知識などよりむしろ、一見些細とも思える（つまり、専門家には「行間に書いてある」と思えるような）基礎的な部分であったり、あるいはごくふつうの常識であったりしました。「深いアウトリーチ」では、こうした点が重要になることを筆者自身この体験から学びました。

3-5　試行錯誤と今後の展望

　「満点計画学習プログラム」では、2014年度までに、下山小学校では計21回、根雨小学校では計18回の授業を行なってきました。年4回の基本的なプログラムは前に紹介した形ですが、状況に応じて毎年さまざまな組み換えをしています。まだ定着しきっていないものも含めて、いくつかの教育メニューを紹介しましょう。「深いアウトリーチ」の実現に向けて、これまでどのような方向に向けて試行錯誤をしてきたのか、今後どのような展望をもっているのかを感じとっていただければ幸いです。

(1) 回収したCFカードからの波形読み取り

　地震観測の専門家が、地震計のメンテナンスの次に行うことは、地震計が観測したデータをパソコン等で読み取り、その波形データを目で確認することです。専門家の役割をより多く体験してもらおうとの発想から、当初は、読み取り作業までを小学校にお願いしていました。満点計画学習プログラムのホームページを立ち上げて、回収したデータを使って生徒らに波形の観察日記などをつけてもらうという企

画も出ていました。この読み取り作業はけっして難しくはないのですが、約4時間もかかることもあって、現段階では、この部分を小学校（小学生）に担ってもらう段階には進めていません（前述のように、読み取った波形データについて児童に分析する作業は体験してもらっています）。

(2) 遠隔授業

根雨小学校の児童に阿武山観測所を訪問してもらうことが困難であるため、これに代わる学習プログラムとして、阿武山観測所・根雨小学校・下山小学校の3地点をインターネットで結んだ遠隔授業を企画し実施しました。満点地震計を使った地震観測の拠点である阿武山観測所との交流により、地震観測についての理解を深めることをめざしました。満点計画にかかわっている二つの小学校同士の交流による新たな相互作用も期待しました。そのため、観測のことだけでなく、それぞれの学校紹介のコーナーなども設けました。

「鳥取県西部地震があったなんて知りませんでした。楽しそうな学校でした」という下山小学校の児童の反応が示すように、どこか新鮮で華やかな雰囲気のある授業になりました（図3-12）。根雨小の児童からは、「下山小学校と阿武山観測所の人と交流できてとても楽しかったです。下山小学校の皆さんがしていることがとてもよくわかりました」との感想も得られました。また、飯尾教授からは、「今日は、根雨小学校のことと下山小学校のことが、とてもよくわかりました。阿武山観測所には陸上大会も水泳大会もないので、ちょっとうらやましく思いました。下山小学校では、満点地震計をとても大切に守ってくれて、本当にうれしく思っています。根雨小学校は鳥取県西部地震のことをしっかり調べて、地震のときにどうだったとか、地震後にどんなことがあったとか、私もとても勉強になりました」との言葉が両小の児童たちに伝えられました。

(3) 地震計のメンテナンス方法を伝えるビデオメッセージの作成

地震計のメンテナンスについてより深く学ぶため、さらにそれと同

図 3-12　遠隔授業の様子（根雨小学校にて）

時に、そのノウハウを次の学年に継承するための試みとして、メンテナンスの手続きを行う児童の様子および、6年生から5年生へのメッセージを録画したビデオ映像を皆で作成する試みです。この過程を通して、メンテナンスは筆者の手を完全に離れ、児童（6年生）だけが担う形へとより近づいたように思います。

　映像について具体的に紹介しますと、たとえば、図3-13は、データロガーから回収したCFカードに、日付と時刻を記入している様子です。また図3-14は、6年生にとっての最後のメンテナンス作業が完了した後、次の6年生（5年生）に向けてのメッセージを言ってもらっている場面です。これらの映像は、本学習プログラムが、単に地震観測研究に関する知識を学ぶことを超えて、地震観測研究そのものを担うことに近づく一歩であること、つまり、「深いアウトリーチ」へ向けた一歩であることを示しています。

　たしかに、小学生の能力で学習できることには限界があり、それが本学習プログラムの制約条件の一つとなっていることは間違いありません。「満点計画」の詳細をすべて小学生に理解してもらうことは事実上不可能です。しかし、考えてみれば、地震観測研究の最先端ということになると、高校生や大学生にもそれぞれの限界はあります。そればかりか、学習を「浅いアウトリーチ」を通した学び、すなわち、地震観測研究に関する知識・情報を摂取することに限った場合、大人

図 3-13　メッセージビデオ 1
「カードを回収した日時と時刻を書き込んでいます。」

図 3-14　メッセージビデオ 2
「僕たちも体験できたし、次の5年生達にしっかり受け継いでほしいと思いました。」

3章　サイエンスする市民 | 77

でも、それはそれほど容易ではありません。

　むしろ、事態を打開する鍵は、これまで見てきたように、「深いアウトリーチ」のほう、すなわち、満点計画を「担う」ことのほうにあります。1章で指摘したように、「浅いアウトリーチ」と「深いアウトリーチ」とは車の両輪です。しかし、往々にして、前者のステージをまずクリアしてから後者に進まねばならないとの考えが支配的です。それに対して、後者が前者に先行するスタイルもあるのではないか。これが筆者の考えです。本節の最後に、この大切なポイントを再確認するためのヒントとなる事例を紹介しておきましょう。

　一つは、前述の遠隔授業の後に聞かれた、ある児童の感想です。「地震計にノイズを与えないように、今まで鬼ごっこやかくれんぼをしていた校舎裏に近づかないようになった」。この言葉には、年4回のメンテナンスのとき以外は地震計に近づく必要がなく、むしろ普段は地震計に近づかないようにすべきという的確な現実認識が示されています。たしかに、「必要なとき以外は地震計に近づかない」は、満点計画の中身についてより詳しく学び、観測データを縦横無尽に解析するような段階と対照させてみれば、地震観測を担うための活動としては、もっとも消極的な段階、ミニマムで最低限のことかもしれません。しかし、満点地震計のメンテナンスを通して地震観測を担うという基本姿勢はこの児童の心の中にたしかに生きていて、それを、この児童の現実（当面できること）の中で実現したとき、「必要なとき以外は地震計に近づかない」が誕生したとように思えます。

　もう一つ関連する事例を挙げてきましょう。上述した次の6年生へのメッセージビデオの中に次のようなコメントが残っています。「こうやって、結構昔（5、6年前）から続いていることを、僕たちも体験できたし、次の5年生たちにしっかり受け継いでほしいと思いました」。この児童が単にその時々に現在進行形で地震計のメンテナンスを担っていたという客観的事実があるだけでなく、メンテナンスという役割を先輩から自分へ、そして自分から後輩へと受け継いでいくことの大切さを、この児童が自覚していることが、この言葉からはうかがえます。

ごくふつうの市民（小学生）が最先端の地震研究とかかわること——この一見不可能とすら思える「水と油」のコミュニケーション（本章1節）をスタートさせ、それを継続させるためには、また、専門家と非専門家の関係を根本から再編するための成熟した「深いアウトリーチ」に向かうためには、こうした事例に萌芽的に表れた小さな協力関係、言ってみれば、「草の根で皆がサイエンスを担う関係」を大切にすることが大事ではないでしょうか。

注1　こうした報告（相当大部の報告書）を地震学会としてとりまとめていること自体に、心理学者としての私は敬意を表したいと思います。地震学に対する相当量の批判があった（ある）ことはもちろん承知していますが、ひるがえって、自分が軸足を置いている心理学の世界でどうだったかと問われると非常に心許ないものを感じるからです。この点について詳しくは、「質的心理学の東日本大震災／東日本大震災の質的心理学」と題した拙稿（矢守、2013）を参照ください。

謝辞　本章で用いたデータのとりまとめにあたっては、日岡惇くん（京都大学大学院情報学研究科）の協力を得ました。また、本章のプロジェクトを進めるにあたっては、文中でお名前をご紹介した方をはじめ、《阿武山サポーター》の方々、満点教育学習プログラムで満点地震計のメンテナンスをお願いしている京都府京丹波町立下山小学校、および、鳥取県日野町立根雨小学校の先生方、児童のみなさんにたいへんお世話になっています。心からお礼申し上げます。

4章　地域気象情報というコミュニケーション

竹之内健介

1 はじめに

1-1 あなたにとって気象情報はどんなもの？

　本章は、これまでの地震や津波の話とは少し違い、日常生活においても身近な気象情報についてのお話です。なお、ここでの気象情報とは、明日は晴れとか、明日は寒いといった毎日テレビで見かける天気予報ではなく、災害時に重要となる防災気象情報です。

　さて、災害時における気象情報と言えば、みなさんはどのようなものを思い浮かべるでしょうか。台風が近づいてきたときに発表される暴風警報、梅雨の長雨による大雨警報、西高東低の冬の気圧配置による日本海の大雪警報など注意報・警報はよくご存じでしょう。少し災害に興味をもっていたり、仕事柄気象情報に気をつけている人なら、土砂災害警戒情報、記録的短時間大雨情報など、テレビで最近耳にするようになった情報を挙げる方もいるかもしれません。では、少しここで立ち止まって、考えてみましょう。気象情報は、あなたにとってどのようなものでしょうか？　あなたにとって災害時の気象情報はどのような存在でしょうか？　仕事や生活、学校など、さまざまな場面で普段どのように利用しているでしょうか？　書き出していただいても結構です、声に挙げていただいても結構です、思いつく限り挙げてみてください。注意していただきたいのは、災害時に発表される気象情報の種類を挙げるのではなく、「あなたにとってどのようなものか」という点を考えてみてください。

　次に読み進める前に、ぜひ一度手を止めて、1分ほど考えてみてください。

　いかがでしょう。よくある回答としては、「発表されると災害が起こるか心配だ」「TVで伝えられるもの」「気象台が発表しているもの」「仕事や旅行に影響が出るもの」などが挙げられます。

　なぜ、このような問いかけをしたか、それは本章における減災のフロンティアがこの気象情報に対する意識を変えることにあり、本章を

通して、みなさんの気象情報へのイメージをここで問い直したいからです。「あなたにとっての気象情報はどのようなものか」── これが本章を通して、あらためて見つめ直すテーマです。

1-2 地域の歴史と減災とのかかわりについて

　日本では、昔から大雨や暴風、大雪などによるさまざまな災害が起きてきました。記憶に新しいところでは、平成 27 年の関東・東北豪雨による河川のはん濫、平成 26 年の広島市における土砂災害や山梨県の豪雪、平成 25 年の伊豆大島の土砂災害、平成 24 年の九州北部豪雨や平成 23 年の紀伊半島大水害などここ数年でも毎年のようにどこかでさまざまな災害が起きています。昭和の時代には、伊勢湾台風、カスリーン台風、三八豪雪など、多くの方が亡くなるような災害も数多くありました。さらに遡れば、近代的な土木技術がない時代、毎年のように河川がはん濫し、災害から町や村を守ることが国を治めることと等しい時代もありました。

　このように、日本では、毎年のようにさまざまな災害と向き合いながら社会が形成されてきたことを歴史が物語っています。みなさんの地域ではどうでしょうか。みなさんは、自分の住む地域が過去にどのような災害を経験してきたかご存じでしょうか。もしわからなければ、一度調べてみてはどうでしょう。地域の歴史を知ることと地域の災害を知ることはとても似ています。災害から町を守るために町並みが変わり、災害を受けて町が変化する。地域の歴史と地域の災害はとても強く結びついています。今まで知らなかった地域の姿や過去の災害を知ることができると思います。このように災害が多発する日本では、それぞれの地域で災害に関する言い伝えが数多く存在しています。ここで、いくつか取り挙げてみましょう。

- *上の雲と下の雲と相反して飛ぶは風雨強し（佐賀県藤津郡他）* [注1]
- *朝雷に川渡りするな（各地）* [注2]
- *雨にのぼし風が加われば大洪水となる（熊本県阿蘇西部の白河流域）* [注3]

- *上方が先に降れば小雪、下方が先に降れば大雪（新潟県小千谷）*
- *河垢が多く流れる時は洪水近し（各地）*

（大後，1985 から引用）

　これらの言い伝えには、減災を考える上で、重要な点が含まれています。どのようなものでしょう。まず災害に備えるという点です。地域で災害に備える上で気をつけるべきことが伝えられています。地域がこんなふうになったらこんなことが起きるかもしれない、こんな時はこんなことをしてはだめだ、そういった災害に備えるためのアドバイスが一つひとつの言い伝えに込められています。二つ目は、地域防災を伝承しているという点です。言い伝えの背景には、地域の住民たちがこれまで苦しんできた災害の歴史が刻まれています。二度とこのような災害を子どもたちに経験してほしくない、先祖がその苦難を言い伝えとして伝えることで、その地域の防災のあり方を伝承しようとしています。そして、最後に、情報に対して利用者である住民がかかわりながらその情報システムを作り上げているという点です。これらの言い伝えは、外部の者に頼らず、地域住民たち自身が伝承という情報システムとして、それを維持し作り上げています。

　地域での伝承と現在の気象情報を比べると、これらの点で両者には大きな違いが確認されます。災害に備えるという点はどうでしょうか。伝承が自分たちにとって注意すべきことを自分たちの言葉で伝えているのに対し、現在の気象情報は気象台という外部の者が、外部の言葉で注意を伝えています。そこには、個別的な地域性よりも、客観性や一般性が重んじられる傾向が生まれます。次に、地域防災の伝承という点はどうでしょうか。現在の気象情報の体系は、これまで継承してきた地域防災の伝承を気象台という外からの情報に置きかえることで地域での伝承を止めてしまうかもしれません。そして、結果的に地域として情報へのかかわりはなくなり、外からの情報への依存につながっていく可能性があります。

　実際、私の周りでも、「気象情報には気をつけないといけないね」という言葉は聞いても、地域で伝えられてきた地域の防災についての

話を聞く機会が少ないように感じます。特に、情報化社会がこの傾向をさらに加速させています。情報があふれる現代において、多くの情報は周囲ではなく、インターネットとつながったデバイスやテレビを通じて入手する時代になりました。地域の伝承を聞くよりも、外部の気象情報を見るほうが手軽で身近な時代となっています。伝承ばかりでなく、最近では「観天望気」という言葉すら聞かなくなりつつあります。周りの学生に聞いても、「観天望気」という言葉を知らないと答える学生が少なからずいることに驚くときがあります。日々の天気ですら、自ら感じとるものでなく、外部からの情報を入手し、その情報に依存することでしか成り立たないのが現代なのかもしれません。

このように現在の気象情報はこれまで地域防災として培ってきた災害情報の代役として、その役割を取って替わってきたとも言えます。ここまで言うとまるで現在の気象情報が地域の防災・減災を考える上で悪役のように聞こえますが、そのように言いたいのではありません。現在の気象情報は、1883年の暴風警報の発表にはじまる百年超の歴史をもち、その間に起きたさまざまな災害における教訓や社会状況をふまえ、高度に進化してきた社会情報です。そこには過去の災害の被災者や気象情報の開発者などたくさんの人びとの思いが込められています。この百年を超える歴史をもつという事実は、気象情報が社会で求められ、災害に備える上で、重要な役割を果たしてきたことも併せて意味しています。実際に、過去の調査では多くの方が現在の気象情報に満足し期待していることも確認されています。

しかし、一方で防災・減災という面で見たとき、課題があるのも事実です。1章でも触れたように現在の気象情報は、情報として高度化された結果、さまざまな情報が生まれ、情報を理解するだけでも一般の人には難しい状況にあります。また情報に依存してしまう「情報依存」や、情報が出るまで何もしないもしくは次の情報を待ちつづける「情報待ち」の姿勢も大きな課題となっています。

では、今後の地域防災を考えた際に、気象情報には何が求められるのでしょうか。それは、最先端の科学技術に基づく気象情報を利用した地域防災のしくみづくりと、その気象情報を利用した新たな地域防

災の伝承を進めることだと考えます。高度に進化し災害に備える上で有効活用できる気象情報を地域防災に役立てるために、一人ひとりの気象情報への意識を変えること、そして、そのための社会のしくみづくりが、利用者である住民も含めた今の気象情報にかかわる人びとに求められているのではないでしょうか。

　本章では、これを達成するための方法のひとつとして、「地域気象情報」の取り組みを紹介します。そして、気象情報の新しい社会システムの構築、つまり気象情報が社会でどのように構築されていくべきか、そのあり方を模索します。

2　地域気象情報とは

2-1　リスク・コミュニケーションの観点からみた気象情報

　地域気象情報のお話をする前に、社会における気象情報を取り巻く人びととの関係について、少し確認してみましょう。阪神・淡路大震災や東日本大震災による防災意識の高まりもあり、現在、多くの地域で防災に関する訓練や取り組みが活発に行われています。しかし、その多くは地震や火災を想定したものが多く、以前と同じく消火訓練を主に行っている自治会も多いようです。その点、気象災害に備えるための防災訓練はあまりなじみがないかもしれません。そこで、いくつか気象災害に備えた取り組みの例を挙げてみます。

　群馬県みなかみ町粟沢地区などでは、土砂災害に関係する地域の情報を住民たちで共有する取り組みを行なっています。この取り組みでは、外からの情報に頼らず、住民自身で地域独自の情報を集め共有し、災害への対応を呼びかけているのが特徴です（片田ら，2010）。熊本市坪井川や白川周辺地域においては、洪水はん濫シミュレーションを市民が参加する避難訓練に利用し、実際に浸水がはじまった際の行動を確認する取り組みを進めています。この地域では、川の水位を確認する地域独自の観測網やライブカメラを用いて、地域自身で災害への事前準備をしています（山田ら，2008）。兵庫県佐用町では、平成21年8月の台風第9号による豪雨災害を受けて、地域の住民自身が地域

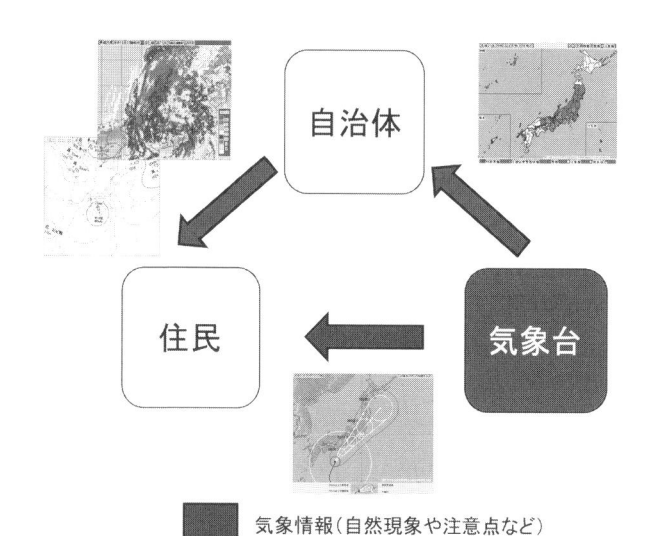

図 4-1 　住民・自治体・気象台の間の情報伝達の関係
（気象情報の出典は、気象庁ホームページ）

の状況を確認する災害モニターとなって、情報を集める制度を設けています（佐用町台風第 9 号災害検証委員会，2010）。

その他にもさまざまな取り組みの例がありますが、これらの取り組みは、地域の住民自らもしくは自治体が住民と一緒に、地域の危険情報を共有することで、地域の災害に備えようとするものです。これらの取り組みと気象情報を比べると、大きな違いがあります。それは、これらの取り組みの特徴は、災害情報を、市町村よりも細かな特定の地域や個人レベルでの地域独自の情報としてとらえている点です。実は、このような災害時における地域情報と気象情報の地域でのやり取りには特徴的な流れがあります。

まず注意報や警報などの災害時における気象情報の一般的な流れを示したのが、図 4-1 です。これは、気象台・自治体・住民それぞれの間で気象情報がどのようにやり取りされるか、一般的な流れを図にしたものです。この図からわかるように、気象情報の流れは、気象台が発表し、それが自治体を経由するなどして、住民に伝えられています。

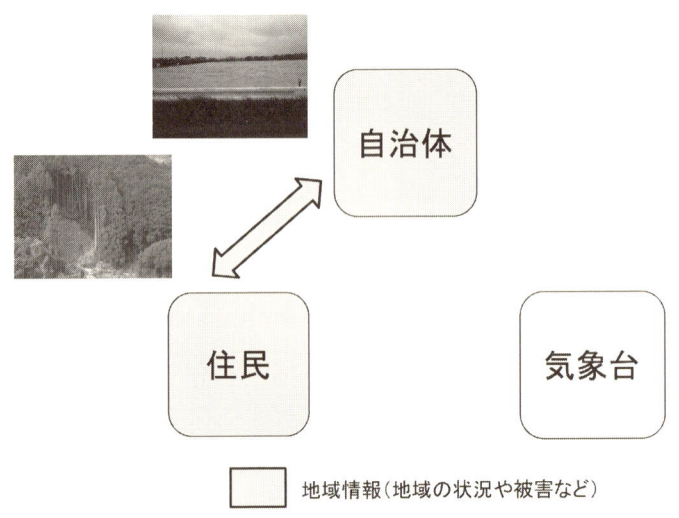

図 4-2　住民・自治体・気象台の間の情報伝達の関係

　つまり、情報の流れは気象台からの一方向であり、住民にとって「気象情報＝受け取るもの」という関係ができています。テレビや自治体から気象情報が伝えられるのを思い浮かべればイメージしやすいでしょうか。

　一方、災害などの際に地域でやり取りされる「〇〇山で土砂が崩れたようだ」「〇〇の地域が浸水しかけており、住民が避難しはじめている」といった地域情報についてはどうでしょうか。図4-2に、そのような地域情報の一般的な流れを示します。この図を見てみると、先ほどの気象情報の流れ（図4-1）とは、その情報の流れ方にはっきりと違いがあることがわかります。気象情報が気象台から一方向に流れていたのに対し、地域の状況や避難状況は自主防災組織を含め、住民の間や住民と自治体の間で積極的に情報共有がなされています。実際の災害時に、住民から行政に電話で情報が伝えられたり、行政から避難情報や地域の情報が伝えられたりすることを考えればわかりやすいでしょうか。もちろん、自治体が地域の被害情報などを気象台と共有したり、地域の災害をよりイメージできるように気象台が過去の災害

88

事例を気象情報に含めて発表する事例などもありますが、気象情報における作成者（気象台）と利用者（自治体や住民）の相互のやり取りは、地域情報と比べて十分ではありません。

　このような情報のやり取りを考えた際に、先ほど取り上げた気象災害に備えた地域の取り組みは、どのような意味があるのでしょうか。先ほどの取り組みは、「住民のみ」で実施しているものや「住民⇔自治体」のように住民と自治体が一緒に実施しているものが主になっていました。これらの取り組みにおいても、気象情報は気象台から住民に一方向的に提供されるという関係（図4-1）に基づいており、住民にとって「気象情報＝受け取るもの」という意識に変化を与えるものではありません。これらの取り組みはあくまで図4-2の地域情報と同じく、気象情報をめぐるリスク・コミュニケーションの不足を補う役割を果たしているとも言えます。つまり、気象情報にかかわるさまざまな社会の取り組みは、気象情報をきっかけとして災害に気をつけて行動するように住民に伝え、「利用者」と「災害」との結びつきを強め、災害に備えようとするものなのです。これは、「気象情報＝受け取るもの」というこれまでの考え方を強めるものであり、住民が「気象情報」そのものの作成にかかわるような気象情報の一方向の関係を改善し、気象情報についてお互いにやり取りするものではありません。

　このように、気象情報の社会における関係を確認すると、現在の気象情報は気象台をはじまりとして住民に伝わる一方向の関係があり、これまでのさまざまな気象情報の開発や高度化はこの関係を前提としています。気象台などの専門家により新しい気象情報をつくられると、利用者にはその情報を理解することとそれに合わせて対応することが求められます。このように、相互のやり取りであるリスク・コミュニケーションの観点からすると、現在の気象情報には、一方向の流れを改善するといった気象情報にかかわる人びとの関係に対するアプローチが決定的に欠けていると言えます。

　このような状況が生まれる理由にはさまざまな要因があります。もちろん社会が気象情報を必要とし、もっと精度の良い情報を、もっと災害時に利用できる情報をと、気象台に強く求めてきたことも大きな

理由の一つと言えますが、一方でそれを前提として、気象業務法や災害対策基本法などの社会制度がつくられてきたことも一つの理由と言えます。もちろん、そこには気象情報に対する責任を明らかにする必要があるなど、さまざまな理由があってのことです。しかし、その結果、住民だけでなく、自治体もそれが当たり前となり、それを前提とした防災のあり方が問われるようになってきたことも事実です。地域防災を考える上で、これまで伝承してきた地域で気象災害に備えるという意識は、このような前提の下、少しずつ弱まってきたといえます。

2-2 地域気象情報に含まれる三つの視点

ここまで気象情報にかかわる人びととの関係から気象情報の現状や課題を確認してきました。これまで気象情報については、災害対応を手助けするために、さまざまな改善がなされてきました。しかし、その多くは、たとえば平成 21 年に市町村ごとの注意報や警報が発表されるようになったように、気象情報の対象地域を細かくするものや、天気予報の当たる確率を高めるような情報の精度を良くするもの、そして、土砂災害や竜巻などのさまざまな種類の災害に合わせた情報をつくるなど、主に情報の内容や表現を改善するものが主となっています。これらの改善は、情報の対象地域を絞ることで地域性を高めたり、災害リスクを洪水や土砂災害、竜巻といった現象別に示すことで、具体的な対応につなげるなど、減災に一定の効果が期待されます。

しかし、一方で、このような改善は、住民の災害リスクへの認識を高めることに対して限界があるのも事実と言わざるをえません。それは、気象情報が十分に理解されていない状況に対し、このような改善は気象情報の専門家が主となり、利用者から見ればそのような外部の者に依存する形で検討されているためです。そのため、これまでの改善は主に情報がどうあるべきかという情報の内容に議論が集まってしまっています。つまり、これらの改善は先ほど取り上げた社会における取り組みと同じく、現状の気象情報の流れを強めるものであり、利用者である住民など気象情報にかかわるさまざまな人びととの社会的な関係を改善しようとするものではないといえます。気象情報が社会に

おいて有効利用される方向をめざしているのは事実ですが、過去の気象情報への理解や危険度への認識に関する調査によれば気象情報は十分に理解されておらず、本当の意味で利用者に寄り添った情報には成り得ていないのが現状です。一方的にやってくる気象情報から災害の危険をどう受けとめるかは、あくまで利用者自身に任されており、気象情報の社会的な関係をめぐるリスク・コミュニケーションの不足を解消するものではありません。

　本章で登場する「地域気象情報」とは、このような状況をふまえ、気象情報の内容に利用者である住民の視点を導入するとともに、気象情報の検討そのものに住民も参加し、関係者が一緒に気象情報を考えるという気象情報の社会における新たなしくみづくりをめざした研究です。住民・自治体・気象台などの関係者が気象情報について意見交換を行い、気象情報を通じてリスク・コミュニケーションを生み出すとともに、リスク・コミュニケーションを通じてつくられる新たな気象情報を検討するものです。それでは、この地域気象情報について、どのようなものか確認していきましょう。

　まず、地域気象情報と聞いてみなさんはどのような情報を思い浮かべるでしょうか。「地域のための気象情報？」——そのままですね。でも、正解です。もちろん単に地域のための気象情報といっても、そこにはいろんな視点が存在しています。この地域気象情報には、大きく三つの視点が含まれています。

(1) 住民にとって身近なものであること

　一つは住民にとって身近な言葉や表現を利用した情報であることです。現在の気象情報には、「記録的短時間大雨情報」「特別警報」「土砂災害警戒情報」など、十分に理解したり、地域防災に利用するには専門性が高く抽象度が高い気象情報がたくさんあります。地域気象情報では、このような気象情報に相当する気象現象が地域で発生した際にどのようなことが起こりうるかを考えます。

　たとえば、よく浸水する家があれば「○○さん家の横が浸水するかもしれない」というように、地域の多くの方にとって周りがどのよう

な状況になるのかを理解できるような表現を利用します。また誰もが知っているお店や場所があれば、その名前を利用して、「〇〇スーパー裏の××山が崩れてもおかしくないよ」と言った感じです。「平成〇〇年の××豪雨以上の雨になりそう」といったように、過去に地域が経験している災害の名前を利用するのも一つの方法です。このように、地域性の高い身近な表現を利用した地域の災害情報に気象情報を置きかえて利用します。災害のようにいつ発生するかどうかわからないような現象について、情報の意味を知らない人が情報をどのようにとらえるかという視点は、情報をきっかけに災害に備える行動をとったり、情報から災害の危険に気づく上で、たいへん重要です。情報から災害イメージを十分にもてないようでは、気づいたら危険な状況になっていたということになりかねません。それは、最終的に命にかかわる問題です。

　現在の気象情報は、「4日夜遅くから5日にかけて大雨となるところがあるでしょう。低地の浸水、河川の増水、土砂災害に警戒してください」といった気象現象の描写とそれに応じた代表的な災害を示すことが主となっています。そこには、もちろん気象情報は避難情報ではない、個人の家の状況を示していてはきりがない、実際そこまで予測する精度がないなど、さまざまな理由があるのも事実ですが、それでは災害時における住民の災害リスクの理解を手助けするという観点が十分ではありません。そこで、地域気象情報では、地域の住民にとって身近な言葉を利用することで、情報の地域性を高め、地域における災害リスクを把握し、災害に対する危機意識を事前にもてるようにし、早い段階での災害対応へと結びつけることを手助けします。また、めったに発表されない情報であっても、情報そのものが地域にとって身近な言葉で表現されることから、それがどのような危険を意味するのか理解しやすく、すぐに状況を理解することができます。

　このような情報内容の地域性を高める効果については、さまざまな研究で確認されています。たとえば、後で紹介する伊勢市中島学区で実施した調査においても、過去の災害経験を情報に利用した場合として、「三重県南部では明日朝までに、24時間で750ミリの雨が予想さ

れています」というこれまでの気象情報を、実際にそのような雨が降り、地域で浸水被害が発生した平成16年の台風21号の災害事例を用いて、「平成16年の台風21号と同じくらいの大雨が明日朝までに予想されています」といった地域気象情報に置きかえた場合には、避難する意思を示した人の割合が川の近くの低地の地域では23パーセントから41パーセントへと18パーセント増え、災害時の対応行動について一定の改善が見られました。

(2) 気象情報への住民参加

　地域気象情報では、情報内容の改善だけでなく、もう一歩踏み込んで、気象情報への住民参加を進めます。ここでは、「地域気象情報の共同構築」という表現を利用します。この共同構築は、気象情報にかかわる人びとの関係に着目し、関係者が一緒になって気象情報をつくり利用することをめざしたものです。気象情報を一緒に考えることを通じて、関係者の間でのリスク・コミュニケーションを生み出すとともに、災害リスクに対する共通の意識をもつことをめざします。そこにはそれぞれの立場や責任はあるものの、互いに対等な関係で地域のための気象情報を検討します。住民は地域をよく知る専門家として、自治体は地域の最終的な防災の責任者として、気象台などの専門機関は気象情報の専門家として、それぞれ参加することとなります。この取り組みで重要なのは、誰か知らない外部の専門家が自分たちの命にかかわる気象情報をつくったり改善したりするのではなく、関係する人びとが共同作業を通じて互いの考えを理解し、地域防災に役立ち、かつ現状として利用可能な気象情報を生み出すことにあります。このように「自分たちも気象情報にかかわっている」「自分たちの地域気象情報なんだ」という意識が、情報への意識を高め、事前の災害対応につながります。

　この地域気象情報の共同構築による関係を口絵⑥に示します。先ほどお話しした気象情報を取り巻く一方向の情報の流れを強化するものではなく、地域情報と気象情報を結びつけた地域気象情報を通じて、気象情報の新たな社会の関係をつくることをめざしています。これま

でこのような関係者の気象情報へのかかわりという視点での取り組みはほとんど行われていません。新しい気象情報の制度を考える新たな取り組みといえます。つまり、気象情報を通じて関係者が災害リスクに対する共通意識をもつことをめざし、気象情報と地域情報を結びつけながら、リスク・コミュニケーションを生み出す新たな気象情報の制度の探究です。

(3) 地域での情報共有と継承

このような共同構築を通じて作成された地域気象情報を、最終的には、実際にそのような状況になりそうなとき、地域で共有し災害に備えることになります。また、地域気象情報は一度内容を決めたらそれで終わりでなく、地域の状況や関係者の意見を考慮し、情報内容を更新していきます。このような地域における利用や情報内容の更新を通して、単なる情報としての役割だけでなく、気象情報のように外部に委ねることで薄れてしまった地域の災害文化（地域で伝承されてきた地域の災害に対する意識）を再び呼び起こし、それを次の代に継承していく効果も期待されます。これは本章1-2節で取り上げた、伝承されてきた地域の言い伝えと、現在の最先端の科学技術を駆使した気象情報が融合して生まれる新たな気象情報とも言えるでしょう。

このように、地域気象情報には、三つの特徴があります。地域気象情報は、気象の専門家を主体としたこれまでの気象情報の改善方法のように、現在の気象情報の制度体系を強めるものではありません。「気象情報＝受け取るもの」ということを前提とせず、地域気象情報を通じて気象情報にかかわる人びとの間にリスク・コミュニケーションを生み出し、そしてリスク・コミュニケーションを通してつくられる気象情報です。それは、地域の災害をよく知る住民の知恵と、気象現象をよく知る気象の専門家の知恵が結びつくことであり、それを通してつくられる地域気象情報は、リスク・コミュニケーションにより生まれる新たな気象情報の社会制度を模索するものといえます。

それでは、実際に地域気象情報の取り組みを行なっている三重県伊

勢市中島学区の様子を見ながら、地域気象情報が減災に果たす役割と意味について、考えていきましょう。

3 伊勢市中島学区での取り組み

3-1 伊勢市中島学区の地理的特徴

われわれは、2012年4月より、三重県中部に位置する伊勢市中島学区において、気象災害をテーマに、地域の住民と一緒に、地域での気象情報の有効利用をめざした取り組みを行なっています。図4-3はこの中島学区の場所を示したものです。

中島学区は、全国的にも降水量が多い紀伊半島南東部の大台ケ原という地域を源流とする宮川の下流に位置し、地域の西側を宮川が北向きに流れています。上流で降ったたくさんの雨が流れ着くことから、歴史的にも度重なる洪水被害を受けてきた地域です。最近では、平成16年台風21号や平成23年台風12号において、床上浸水や床下浸水の被害を受けています。なお、これらは主に、宮川の増水に伴い、地域を流れる小川や水路の水を宮川へ排水できなくなることにより発生した内水はん濫であり、宮川そのものが溢れる外水はん濫によるものではありません。

取り組みは、地域の指定避難所となっている宮川中学校、そして地域の住民で構成される中島学区まちづくり協議会と連携し、住民が参加主体となり、伊勢市危機管理課、伊勢市教育委員会、津地方気象台、三重河川国道事務所等の協力を得ながら進めています。この伊勢市中島学区における取り組みの全体像を図4-4に示します。「生活防災（日常生活の中での取り組み）」にかかわる部分と、「防災イベント（不定期で開催する多くの住民が参加する防災訓練などの取り組み）」そして「地域気象情報（の取り組み）」の、大きく三つから成り立っています。それぞれの取り組みがお互いに結びつき、関係づけられています。

以下に、中島学区で行われているこれら三つの取り組みを紹介します。

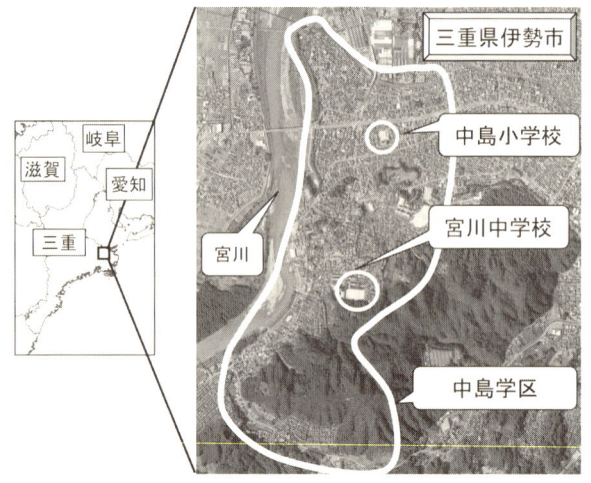

図 4-3　三重県伊勢市中島学区
国土地理院撮影の空中写真（2007 年以降撮影）を利用

図 4-4　伊勢市中島学区における取り組みの全体像

3-2　取り組み①── 生活防災

　日常生活での取り組みとして大きな役割を担っているのが、宮川中学校の下駄箱の横と地域住民が利用するスーパーマーケットの入り口に設置されている地域気象情報モニターです（口絵⑦）。これらのモニターでは、地域のことを伝える気象情報を身近な場所で確認できるようになっています。たとえば、数百メートルの間隔で雨の様子がわかるレーダー情報、地域の傍を流れる宮川の水位やライブ映像、伊勢市の気象情報などが確認できるようになっています。これらは独自のものではなく、社会で広く利用されている情報であるという点もポイントです。

　この取り組みでは、今ある気象情報や観測情報を有効利用することをめざしており、特別にその地域のために何か観測装置などを設置することなどは前提にしていません。もちろん、地域が必要と考え、そのような装置を設置することを否定するものではありません。このモニターを利用し、中学校の生徒や教員、地域住民が気軽にいつでも地域の気象情報を確認できるようになっています。生徒たちが部活動の前に気象情報を確認してその日の活動内容を決めたり、大雨の際、教員が雨の状況を確認して帰宅させるタイミングを考えたりなど、日頃から学校生活において気象情報を身近に利用しています。また住民がスーパーでの買い物の際に今降っている雨はいつやむのかしらと確認したり、もうすぐ雨が降るから洗濯物を取り入れなきゃと、日常の生活の中で利用しています。

　また、これらのモニターは生徒たちや中島学区まちづくり協議会が日頃の情報を伝える手段としても利用されています。単に身近な気象情報を確認するだけでなく、学校の生活や行事の様子を発信したり、地域でのイベントや不審者情報などを発信するなど、生徒や教員の間、住民の間をつなぐ役割も果たしています。

　その他、毎月 11 日を中島学区防災の日と決め、防災フラグ運動を実施しています。防災フラグ運動は、毎月 11 日の防災の日に、同じ色の物（中島学区では濃いピンク色）を何か一つ身につけ、みんなで月に 1 回は防災への意識をもつことをめざして取り組んでいるもので

図4-5　中島学区防災の日の防災フラグ運動の様子

す（図4-5）。ある日、住民がスーパーに出かけると、なぜかみんなピンク色のものを身につけている、「あ！ 今日は防災の日だ。帰ったら非常食を確認しなきゃ」「今年の台風に備えて、家族で連絡先や避難場所を確認しておこう」、こんなやり取りが防災の日に家族で行われることをめざしています。

3-3　取り組み② ── 防災イベント

不定期に開催されるものとして、宮川中学校では気象情報に関する実践的な防災教育（図4-6）を、地域では子どもたちと大人が一緒に参加するさまざまな防災イベント（タウンウォッチングやクロスロードゲーム）（図4-7）を実施しています。これらの取り組みを通じて、学校防災と地域防災が結びつき、生徒と住民の連携が深まることを図っています。

3-4　取り組み③ ── 地域気象情報

最後に地域気象情報の取り組みです。後で詳しくお話ししますが、中島学区では、地域イベントを通じて、関係者で地域気象情報の内容を考えたり、利用方法を確認するなどしています。そして、実際に災害が起こりそうになり、みんなで考えた地域気象情報にあてはまるような気象情報が発表された際は、先ほど紹介した生活防災で利用して

図 4-6　宮川中学校における実践型防災教育

図 4-7　中島学区における地域防災イベント

いるモニターや防災フラグを利用しながら地域気象情報を地域で共有することをめざしています。

このように、日頃の取り組みが単なる防災の啓発だけで終わるのでなく、逆に災害時の情報が単に慣れない情報として終わるのでなく、両者が連携することで、災害時に地域でより役立つことをめざしています。

では、中島学区における地域気象情報の取り組みとして行なっている「地域気象情報の共同構築」の様子を見ていきましょう。この共同構築は大きく六つの流れに分かれます。

1. どのような方法で進めるかを相談する
2. 地域気象情報の内容を検討する
3. 地域気象情報を利用しはじめる
4. 地域気象情報の防災訓練で利用方法を確認する
5. 地域気象情報にあてはまった際に情報共有し対応する
6. 定期的に地域気象情報を更新する

六つというと多いように感じるかもしれません。でも、一度にすべてをするわけではありません。何回かに分けて行うのもいいですし、今年はこれ、来年はこれと少しずつ進めていくのも一つでしょう。「3」

4章　地域気象情報というコミュニケーション

まで終えたら、見通しがついてくると思います。重要なのは、地域防災の一つの文化として地域のみんなが理解し、地域に定着させることが大切です。新しく地域にやってきた人には、周りの人が地域のことを伝えるきっかけにし、災害を経験している人は、子どもたちにそれを伝えるきっかけにする、そんな一つひとつのきっかけになっていけばいいでしょう。

それぞれの段階において、参加する関係者にはそれぞれの役割が求められます。たとえば、情報内容を考える際に、地域をよく知る住民は、地域の災害の特徴を情報内容に活かす役割が、気象情報の専門家である気象台は、考えた情報と気象情報がどのように結びつくかを検討します。自治体は、地域の防災を担う行政機関として、情報内容が地域の災害を考える上で適切かどうか、また重要な点が抜けていないか確認します。そして、実際に地域気象情報の条件にあてはまるような気象状況になった場合は、関係者で地域気象情報を共有し、災害に対応します。このような情報内容の検討や実際の災害対応が、地域気象情報を通じた関係者のリスク・コミュニケーションにつながり、気象情報を通じた人びとの災害リスクの共有につながります。

中島学区では、地域気象情報の利用に向け、2014年6月29日に「中島学区地域気象情報の共同構築イベント」として、住民（中島学区まちづくり協議会）、自治体（伊勢市）、気象台（津地方気象台）、研究機関（著者ら）が集まり、地域気象情報の内容をみんなで考える取り組みに挑戦しました。情報の内容を考える方法には、イベントを利用する方法、投票による方法、自治会からの意見を集める方法など、いくつかの方法が考えられます。今回は、できる限り多くの住民が参加できるようにすること、初めてこのような取り組みを行うということを考え、まず住民が情報内容についてグループに分かれて相談し（図4-8左写真）、そこで挙げられた情報について、関係者の代表が、地域の災害を考える上で重要な情報であるか、また実際にその情報を気象情報と結びつけて利用できるのかなどの点から協議する（図4-8右写真）方法を採りました。

ここで、実際に住民から挙げられた情報を、いくつか見てみましょう。

図 4-8 地域気象情報の共同構築ワークショップの様子（左写真：グループによる情報内容の検討。右写真：関係者の代表による情報内容の協議）

「宮川町〜度会橋の間を、昼間で、度会橋ピーヤーオレンジの線以上になると怖い」（宮川町の近くには、橋脚に河川の水位レベルを色で表示した度会橋があります。その橋脚のオレンジ線〔避難判断水位〕を越えると災害に対する危険を感じるということを意味しています）

「S食料品店の近くのがけ、大雨の時、ザーッと水が、がけを流れてくる」（地域のS食料品店の傍には高さ10メートル超の崖があり、大雨が降るとその崖を勢いよく水が流れ落ちてくる。そのため、普段からその状況を気にしていることを意味しています）

「A歯科横の水路、現在、道路まで、水に浸かっている」（A歯科の傍には、宮川の支川にあたる小さな川が流れています。過去にこの付近は内水氾濫を何度か経験しており、その状況を示す情報です）

4章 地域気象情報というコミュニケーション

> 「辻久留台団地の奥に山の土砂や石が家庭の湯船一杯分以上落ちてきている」（地域には三郷山という小さな山があり、その麓には開発により造成された辻久留台団地があります。この地域では、大雨の際に山から濁り水が流れるなどの現象が過去に確認されており、この情報はその現象の一つとして、山の土砂や石がたくさん流れて来ている状況を示しています）

　このように過去に災害を経験した周辺の住民しか知らないような情報から、地域の多くの住民が知っている情報まで、まさに地域の災害の特徴が自分たちの言葉で語られました。みなさんの地域にも同じような場所があるのではないでしょうか。そこには、現在の気象情報では十分に伝えることができない地域に住む人びとが必要とし普段から気にかけている情報があり、地域防災を考える上で重要な点が多数含まれています。冒頭紹介した昔から伝えられてきた地域の災害伝承、それと少し似たものを感じとれるのではないでしょうか。

　次に、協議の様子を見ていきましょう。今回、協議には、中島学区まちづくり協議会4名、伊勢市危機管理部3名、津地方気象台4名、研究機関3名のメンバーが参加しました。以下、それぞれ住民、自治体、気象台、司会者と略します。今回の協議では、住民から出された情報のうち、五つについて協議を行いました。その中の一つ、先ほども紹介した「宮川町～度会橋の間を、昼間で、度会橋ピーヤーオレンジの線以上になると怖い」という情報についてのやり取りの一部を見ていきましょう。なお、オレンジ線は先ほども触れましたが、度会橋という橋脚に書かれた線の一つで、避難判断水位を示すものです。イベント当時、堤防が新たに建設され、避難判断水位が変更されたことから、塗り替えが予定されていました。

　自治体　新しいオレンジ線では、避難勧告が出た後の段階となる。
　住民　それでは、避難情報を流せばいいので、この情報の意味がなくなるのではないか。事前情報という位置づけであれば、早い段階の情報

でよいのではないか。はん濫注意水位でもいいのでは。(特徴①)

住民 危機感のインパクトを出す上では、もっと危険になってからの情報の方がよいのではないか。(特徴②)

気象台 そもそもこの情報は避難を求めるものなのか、それとも事前情報なのか。

司会者 基本的には、事前情報としての位置づけである。もし危険になってからの情報であれば、既存の気象情報や避難情報に基づく必要がある。それを置きかえて地域で利用するのも一つの方法である。

気象台 避難情報はどのような基準設定をしているのか。(特徴③)

自治体 避難情報は水位に基づいて、宮川河川沿いを六つのブロックに分けて設定しており、堤防ができてもその基準が変わるわけではない。

司会者 オレンジ線はいつごろ塗り替えられるのか。

気象台 塗り替え予定であると三重河川国道事務所から伺っている。

気象台 地域の人が単にオレンジ線に注目しているのか、それともそのくらいの水位を気にしているのかは確認をする必要がある。もし水位を気にしているのであれば、新しいオレンジ水位ではなく、昔の水位を利用したほうがよい。

　以上が、このときのやり取りの一部です。気づかれた方もいると思いますが、このやり取りの中では、さまざまなリスク・コミュニケーションが見られます。

　たとえば、特徴①と特徴②の場面では、住民である協議会が情報の危険度はこうあるべきではないかと自分たちの意向を示す場面が見られます。これまでの気象情報では、基本的に受け身であった住民が、情報がどうあるべきか住民自身も考える場が生まれています。また住民の間でももっと危険度が高い情報がよいのではなど、住民同士でどのような情報として利用していくか検討が行われています。また特徴③では、気象台と自治体の間で災害対応を確認する場面が見られました。今回の協議が、互いの災害対応について、理解を深める機会にもなっています。その他、地域の気象状況を確認するために、住民と気象台の間で現在の気象情報をどのように利用すればよいか確認する場

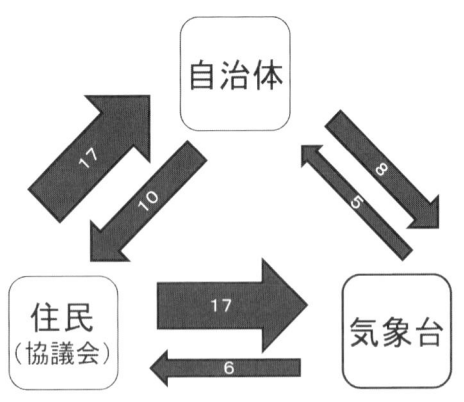

図 4-9　地域気象情報の共同構築におけるコミュニケーション回数

面なども見られました。

　このように、協議の中では、それぞれの意向や情報をもとに地域気象情報について議論する場面が多く確認されました。これらは、これまでの気象情報には見られなかったものであり、地域気象情報の共同構築を通じて生まれた新しいコミュニケーションと言えるでしょう。今回の協議における参加者の間でのコミュニケーションの回数を図 4-9 に示します。図 4-1（87 ページ）や図 4-2（88 ページ）と比較してどうでしょうか。気象台からの一方的であった流れに大きな変化が生まれ、口絵⑥に近い流れができていることがわかると思います。

　参加した住民からは、地域気象情報について「地域の災害に備えるために利用しやすい」「災害のイメージがわきやすい」といった意見が多く出され、「自分たちで考えたことで情報を気に留めやすい」という方も多くおられました。また、「みんなで考えること」「気象情報の内容を自分たちで決められること」「情報の内容が地域に身近であること」についてはほとんどの住民が大切だと答えられました。協議に参加した関係者からも同様の意見が出され、「気象情報に利用者ももっとかかわるほうがよい」という意見が出されました。初めての取り組みではありましたが、これだけ多くの方が「地域気象情報の共同構築」にこのような感想をもたれたということは、気象情報の専門家

だけでなく、住民も含めた関係者で情報を検討することが、地域防災における気象情報の活用を考える上で有効であることを示していると言えます。

一方で、今回初めて自分たちで気象情報を考えたことから、まだ十分に地域気象情報が理解されていなかったり、協議の中で、情報の危険度をどのように設定するか、地点の情報とするか広がりをもった情報とするかなどの検討課題も出され、今回の取り組みだけでは十分ではない部分もありました。しかし、このような課題が出たことは、リスク・コミュニケーションの観点から見ると、とても大切なことです。関係者たち自ら、地域気象情報をより役立てるための次の一歩につながるからです。

これまで気象情報について、住民も含めた関係者の間でこのような実際の災害対応に向けた議論が行われたことはあまりなかったのではないでしょうか。多くの場合、災害の発生前は「気象情報は重要だよ」「こういうときこんな気象情報に気をつけるんだよ」と気象台から発表される気象情報について啓発が行われ、災害の発生後は、「今回の気象情報はしっかり防災対応に機能したか」「もっと気象情報をこうしていかないといけないのではないか」と気象情報や行政対応の検証をもとに、気象情報の改善がなされてきました。しかし、災害が起きるたびに同じような話が繰り返されている感が否めません。一方で、災害に遭われた方からは、「こんなことになるとは思わなかった」「こんなことは初めてだ」という声が依然多く聞かれます。災害に遭う立場の住民たちがその情報をどのように受けとめ利用するのか、その地域にとっての災害対応、そして一人ひとりの住民にとっての災害対応という視点からの議論は十分ではありません。今回の共同構築は、関係者が地域の災害と気象情報の関係について理解を深めるための、災害に備えたリスク・コミュニケーションとして大きな一歩につながるものになったと思います。

3-5　伊勢市中島学区における現在の取り組み

ここまでお話しした取り組みは、伊勢市中島学区で試験的に実施し

たものです。今後、地域の文化の一つとして受け入れられ、地域気象情報を理解してもらうためにはさらなる取り組みが必要です。また実際に協議を行なった情報を気象台から自治体や地域に情報提供する方法も考えられますが、現在の気象情報にかかわる制度や気象台の体制を考えると、なかなか難しいのが現状です。そのため、現在取り組んでいる地域気象情報は、気象台が発表する気象情報を地域の表現に置きかえて有効活用する事前の参考情報という位置づけになっています。

その後、中島学区では実際に三つの地域気象情報を地域で災害に備えるために利用しはじめています。大雨が降ったり、台風が近づいたりしたとき、気象情報を確認しながら住民たちで今後の対応を相談し、住民の間で共有するなどしています。また地域気象情報の利用方法を学ぶためのツールとして、気象情報と地域の災害との関係を確認するためのゲーム「セルフウェザーゲーム」や、一人ひとりの日常生活における行動と地域の災害の関係について考える「生活防災タイムライン」の取り組みにも挑戦しています。これらのツールについて詳しく知りたい方は「地域気象情報のホームページ」(http://www.drs.dpri.kyoto-u.ac.jp/yamori/miyagawa/) をご覧ください。

4 地域気象情報がめざす社会のすがた

4章では、気象情報の社会的フロンティアとして、「地域気象情報」についてお話ししました。本章の冒頭で掲げたテーマ「あなたにとっての気象情報はどのようなものか」、このテーマに対する意識を少しでも変えるきっかけになったでしょうか。けっして難しくはありません。まずは今、社会で利用されている気象情報のうち、自分たちの地域にとって注意すべき情報は何か、そしてそれぞれの情報は地域のどのような災害と結びつくのか、単に気象情報を受け取るものとして考えるのではなく、地域の災害と関係したものとして意識して利用しはじめてみてください。そして、それを地域防災の伝承と同じように地域で共有し、伝えていってみてください。また、併せてその情報に応じて、どのように行動するか決めておくといいでしょう。気象情報が

いかに適切に運用されたとしても、それを利用する側の危機意識と前もって行動する意識がなければ、適切な災害対応には結びつきません。

　地域気象情報がめざすのは、高度に進化した気象情報が、単に気象台が発表し、住民はそれを受け取るだけのものとして流通するのではなく、個人にとっての生活の中の防災、地域にとっての防災の文化と結びつき、防災・減災につながるものとして利用される社会です。気象情報にかかわる者として、気象情報がよりいっそう社会で利用され、防災・減災に貢献していくことを願って、4章の結びとします。

注1　台風や発達した低気圧の接近を告げる。
注2　朝の雷は発達した前線を意味し、大雨となり洪水につながる。
注3　のぼし風は南西風、台風の接近を告げる。

5章　被災地の住民がつくる防災教材

李　勇昕

1 はじめに

1-1 複合災害時における判断の難しさ

　東日本大震災は、巨大地震・津波のみならず、それら自然災害が引き金となった原発事故による放射能汚染によって、未曾有の被害をもたらしました。とりわけ、放射能汚染の問題は、未だに収束の見通しが立たず、社会に深刻な影響を及ぼしつづけています。後に論じるように、ただでさえ災害時に人びとは意思決定をくだすのが難しいさまざまな問題に直面するものです。しかし、地震・津波・原発事故と、複合的な要因が重なりあった災害である東日本大震災は、問題をいっそう複雑で難しいものにしています。放射能汚染の実態、被害の深刻さは専門家の間でさえ判断が分かれていて、どの情報をもとに判断をくだせばよいのかわからない事態を引き起こしています。信じられる情報が異なれば判断も変わってきますし、個々人の置かれた状況によって優先事項も異なってきますから、同じ家族、同じ地域に住む人びとの間でも、考え方はそれぞれです。

　生活を再建するにあたって、地域を復興させるにあたって、その当事者たる主体はもちろん被災者です。しかし、東日本大震災の被災者が委ねられる判断には、とりわけ放射能汚染の問題に悩まされている被災者にとっては、とても決めることができないような問いが山積しています。あまりに現状が複雑で深刻なために、判断することを避けてしまったり、人によって置かれた状況が異なるために、誰かと相談して物事を決めることが難しいこともあります。正解があるように見えない、誰かと相談することも難しい、けれど目の前の現状に対して、何か働きかけを起こしていかないと、復興に向けて前に進んでいくことができない。被災者を取り巻く状況の過酷さが、再建の主体たる被災者の主体性を脅かしつつあるとも言えます。

　本章で紹介するのは、東日本大震災で被災し、放射能汚染による風評被害にも悩まされてきた茨城県大洗町で、筆者が３年にわたって継続してきたアクションリサーチの結果です。大洗町の住民は、防災ゲーム「クロスロード」の作成を通じて、難しい復興の問題をみんな

で議論したり、考えたりできるようになりました。大洗住民が直面していた問題から、防災教材の作成に至るまで、そしてそれが大洗住民にもたらしたものを、順に紹介していきたいと思います。

1-2 「住民主体」とは何か

近年、復興や地域振興は「住民主体」であることが重要としばしば指摘されます。ここで、1章で言及されたプラスチックワードのことをもう一度考えてみましょう。「住民主体」は、どういう意味でしょうか。また、どのような行動が、「住民主体」と言えるのでしょうか。この大きな問題を解く前に、まずは、「住民主体」ではない状態をあらためて確認しましょう。

本章で焦点を当てたいのは、東日本大震災の被災地の復興過程です。東日本大震災の被災地の中には、原発事故の影響により、放射能汚染による被害や、風評被害を受けている多くの地域があります。放射能汚染に関して、専門家の意見さえ社会に信頼されていない状況下では、住民が自分たちだけで安全安心のための情報を作りだし、商品を購入してもらったり、以前のように観光客に来訪してもらうようにすることは容易ではありません。さらに、行政や専門家の復興に関する対策が先行しがちで、本来当事者であるべき地域住民が対策の決定から疎外されがちです。

被災地はこれらの問題を早く克服し、復興に向かって頑張りたいのに、「政府や専門家が正しい情報を教えてくれない」「政府はちゃんとした責任を取ってくれない」「被災地の声はいつも無視される」「ここは放射能の基準値以下なのに、誰も来てくれない」「マスコミは風評被害の元だ、信頼すべきではない」などの声が強まるとともに、被災地と被災地以外の社会との関係が疎遠になってしまいます。このように、「考えてもしょうがない」「頑張っても無駄だ」といった諦め感が生じ、国、行政の対策を受動的に待つしかない状態に陥ってしまうことは、「住民主体」の復興とは言いがたいのではないでしょうか。

では、住民主体の復興を達成するために、どういった手法が必要なのでしょうか。行政、専門家、研究者、ボランティア、マスメディア

といった被災地を支援しようとする外部関係者と被災地が、お互いのコミュニケーションを促進するようなツールはあるのでしょうか。本章は、以上の問題を解決するために東日本大震災の被災地茨城県大洗町の住民が取り組んだ防災ゲーム「クロスロード：大洗編」を中心に、紹介していきたいと思います。

以下では、研究フィールドである茨城県大洗町の背景をふまえ、防災ゲーム「クロスロード」について説明します。そして、「クロスロード：大洗編」はどのように開発されたのか、どのように進行しているのか、この取り組みの具体的な内容を紹介します。また、地域の復興、防災に対して、この取り組みがもつ意義をまとめます。最後に、今後の展望を述べたいと思います。

2 「クロスロード：大洗編」を導入するまで

2-1 茨城県大洗町の地理的特徴と被災状況

茨城県東茨城郡大洗町は、人口約1万7千人、約7千世帯、面積23.74平方キロメートルの小さな町です。茨城県の太平洋沿岸のほぼ中央に位置しています（図5-1）。海水浴場をはじめとした観光業や漁業など、海からの豊富な資源を活かした産業が中心です。震災前、大洗町の観光客数は茨城県内トップでした。しかし、東日本大震災によって、町が大きな打撃を受けました。

震災当時、最大4.2メートルの津波に襲われ、町の面積の10パーセントが浸水しました。海から700メートル離れている役場まで浸水し、人的被害は、地震による死者が1名、津波による死者はいませんでした。この点について、当時の町長の「緊急避難命令・至急高台に避難せよ」といった防災放送の呼びかけが効果的だったことが全国的に注目されています（井上, 2011）。他方で、家屋の全・半壊、津波による浸水被害、がけ崩れ、港湾・漁港施設や道路・鉄道の損壊などの甚大な被害がありました。

震災の後、同町の物理的な復旧は順調に進んでいましたが、原発事故による放射能への不安や、風評被害の問題は地域を苦しめていまし

図 5-1　茨城県大洗町の位置

た。特に、一部のマスメディアは、大洗町に「風評被害により人が来なくなった町」とのイメージを植えつける報道を行なってしまったと考えられています。海水浴場の来客数も震災前と比べ、半分ぐらいに減りました。現地の住民は「魚を捕っても売れない、観光客を呼んでも来てくれない」と当時のきびしい状況を表現しています。

2-2　大洗町の復興に向けた地域の取り組み

その後、同町は「元気な大洗町」をアピールするため多くの復興関連イベントを開催しました。その中で、もっともめだった取り組みは、テレビアニメ『ガールズ＆パンツァー』（以下、通称の『ガルパン』と省略）の関連イベントです。

『ガルパン』は、2012年10月から同年の12月までと、2013年3月にもテレビで放送されました。このアニメは、大洗女子学園という大洗に所在する架空の女子高を舞台に、「戦車道」という伝統芸能を極めるために仲間とともに奮闘する女子高生の姿を描いており、アニメ中には、主人公たちが戦車に乗って大洗町を駆け抜けるシーンも盛り込まれています。

5章　被災地の住民がつくる防災教材

アニメのファンの訪問とともに、大洗町の商店街では、アニメのキャラクターパネルを置いたり（図5-2）、多様なアニメ商品を考案したり、アニメグッズをデコレーションしたり、イベントを開催したりしています。年配の店主と若いファンの頻繁な交流により、高齢化が進み衰退しつつあった商店街に活気が戻ってきています。マスメディアの報道でも、風評被害の被災地からアニメの聖地となったことがしばしば紹介されています。アニメと連携した活性化事業が、町に大きな経済効果をもたらしています。震災から2年経った頃から、大洗町の観光業も含めて、漁業、水産業、農業などの産業は震災前の水準に戻ったとはいえませんが、徐々に回復しています。

　震災から2年間の大洗町の復興に向けた取り組みからわかったのは、大洗町の復興過程においては放射能汚染に関して、専門家の意見さえ社会に信頼されていないような状況下では、被災地住民がいくら安全情報を発信しても必ずしも効果的ではないことでした。放射能汚染をめぐる問題の中で住民が主体性を発揮することが難しくなっている状況においては、放射能汚染があるのかないのかといった論争とは別の次元において、まずは大洗町住民が主体性を発揮できる場面を模索することのほうが、かえって復興に寄与することもあったのです。アニメの活性化事業はその好例でした。震災、災害、さらに放射能とはまったく関係ないのですが、住民が能動的にアニメの事業とかかわろうとすることによって、住民が主体性を回復しつつあったのです。

　ところが、住民の主体性が回復され、別次元からの地域活性化が図られるとしても、当該の地域が直面する直接的な課題、すなわち、大洗町のケースで言えば、主として放射能問題に由来する風評被害の問題を完全に避けて通ることはできません。アニメブームをきっかけに復興を我がこととしてとらえられる大洗町住民の主体性が回復された後に、放射能汚染の問題について、大洗町住民がどのように向き合っていけるのかが課題となります。この課題に向けて、大洗町では、防災ゲーム「クロスロード：大洗編」が作成されることになりました。

　筆者は、2012年末からこれまで、大洗町の役場の職員、観光業者、宿泊業者、商店街業者、漁師、消防団員、主婦、小中学生、地元大学

図 5-2　駅前の『ガルパン』のキャラクターパネル

の学生ボランティアなど、幅広い方々に２年間、数回に分けて、震災体験、原発事故、風評被害、復興への取り組みなどをテーマにインタビューを実施しました。これらの話の中では、このあと説明する防災ゲーム「クロスロード」のように、人びとの心の中の矛盾や葛藤について語られたものがたくさんありました。また、当事者たちは、自分たちの体験、行動、決断を他者と共有したいのですが、復興が着実に進んでいる大洗町において、震災当時のことや、放射能汚染の問題について語る機会はなかなかありませんでした。また、生活が落ち着いてきたとはいえ、風評被害や、放射能汚染、今後も発生する恐れのある地震や津波といったリスクに対して、住民が防災への備えを避けることはできません。

　そのため、筆者は、住民自身の体験を活用し、震災のこと、これからの復興のこと、そして防災のことについて、議論するためのツールと場をつくれたらと考えました。2013 年の年末に、大洗町役場の職員と町の防災教育プログラムについて打ち合わせを行なっている場で、大洗町の住民の体験を防災教材「クロスロード」の設問にして、「大洗編」として編集したらどうかと提案しました。それが、「クロスロード：大洗編」の取り組みのはじまりです。

　次節では、防災ゲーム「クロスロード」がどのような防災教材なの

か、そして「大洗編」がどのように作成されたのか説明します。

3 「クロスロード：大洗編」の取り組み

3-1 「クロスロード」とは何か

　防災ゲーム「クロスロード」は大地震の被害軽減を目的に、文部科学省が進める「大都市大震災軽減化特別プロジェクト」の一環として開発されたもので、2004年7月に最初の「神戸・一般編」が完成しました。「神戸・一般編」は、阪神・淡路大震災において災害対応にあたった神戸市職員へのインタビューの内容がもとになっており、実際に神戸市職員が経験したジレンマを事例としてカード化したものです（吉川・杉浦・矢守, 2009）。

　「クロスロード」（crossroad）とは、「岐路」「分かれ道」のことで、そこから転じて、重要な決断をくださなければならない事態を示しています。このゲームは、災害時のさまざまな局面で経験される「こちらを立てればあちらが立たず」といった場面を素材に作成された、カードを用いたゲーム形式による防災教育教材です。ゲームの参加者は、カードに書かれた設問を自らの問題として考え、二者択一の設問にYESまたはNOのカードを示すことで自分の考えを表明するとともに、防災を「他人事」ではなく「我が事」として考え、同時に参加者同士が意見交換をしながら、ゲームを進めていきます。具体的な質問の例としては、「あなたは市民。大きな地震のため、避難所（小学校体育館）に避難しなければならない。しかし、家族同然の飼い犬"もも"（ゴールデンレトリーバー、メス3歳）がいる。一緒に避難所に連れて行く？ ── YES 連れて行く／NO 置いて行く」のようなものがあります。ゲームの参加者は自分の判断について、そう考えた理由を話します。たとえば、YESを選択する理由として、「飼い主にとってペットは家族同然」という意見がある一方で、「ペットのしつけが十分でない可能性もあるから」といったNOを選択する理由が語られたりします。

　すでにおわかりのとおり、このゲームの最大の特徴は、正解がない

ことです。それは、災害対応には、必ずしも正解があるとは限らず、状況に応じて判断が求められるのであり、そのような危機を乗り切るためには、あらかじめそのような事態を想定し、自ら考えたり、他者の経験や知恵から学ぶことが訓練になるのだという思いが込められています（矢守・吉川・網代，2005）。

2004年の「神戸・一般編」の開発以来、このユニークなリスク・コミュニケーションの防災教育教材は、日本全国の学校や地域、企業、防災関係の組織で利用されています。現在では、「神戸・一般編」に加えて、「市民編」「災害ボランティア編」「高知編」「大学生編」「海上保安庁編」「学校安全編」「要援護者編」「感染症対策編」「新型インフルエンザ編」などいくつかのバージョンが作成されています。以上のバージョンの共通点は、一方的に知識を教えるのではなく、すべての参加者の意見が交流し、双方向的な知識伝達を求めていることにあります。

3-2 「大洗編」の実践

さて、「クロスロード：大洗編」の設問内容、活動内容、成果には、下記の四つの特徴があります。

①住民自身が自らの震災体験に基づき、設問をつくりました。設問の内容は、地震津波発災からの時系列に従って、「緊急期」「避難・復旧期」「復興期」の三つの時期に分けられました（具体的な設問例は表5-1参照）。

②なぜその設問をつくったのか、本人の経験、ジレンマ、反省点などが語られた本人解説動画（「復考大洗―あの日あの時の本人解説動画」）をあわせて作成しました。

③作成された「クロスロード」ゲームを大洗住民でプレイしたり、新たな設問を作成するワークショップを開催しました。設問を多くの住民と共有するために、筆者がコーディネーターとなって、参加型防災講座のワークショップを計画し、大洗町で数回実施しました。ワークショップの構成として、前半は「大洗編」の中の2問を問いかけます。後半は参加者に自分の設問をつくってもらいました。

④設問カードのデザインも、設問作成者に委ねました（口絵⑧）。「大洗編」は、26枚の設問カードからなります。それぞれの設問の作成者が、カードのデザインも担当しました。具体的には、設問カードの裏側には、設問作成者の大洗町についてのイメージをイラストあるいは文字で描いてもらいました。カードの表に記された深刻な設問の裏側には、クロスロードに参加された住民自身が描いた面白くてカラフルな絵がついていて（口絵⑨）、大洗の元気な姿や魅力を垣間見ることができます。また、「本人解説動画」のDVD、ゲームをプレイするためのYES/NOカード、それぞれの設問を丁寧に説明する解説ブックをつけました。2014年末に、パッケージは300セットを製作し、大洗町の住民および全国の「クロスロード」の実践活動を行う方々に配布しました。

次に、上記の特徴の詳しい説明を含め、「大洗編」の中の代表的な2問 ── 「緊急期」の1問と「復興期」の1問を紹介していきます。

(1) 消防団員の緊急時における選択

> Q：あなたは消防団員。大地震が発生し、津波警報も出た。沿岸部で車の避難誘導をしている最中に、20分後に津波が到達するという情報を受けた。先に避難するか？　それとも、避難誘導を続けるか？
> A：YES 避難する　　NO 誘導を続ける

この設問について、あなたはYESかNOのどちらを選択しますか。その理由は何でしょうか。これまで、大洗町でこの設問を尋ねたときには、YESを選ぶ理由として「自分の命も守らないといけない」「誘導者自ら道を示すことにより、円滑な避難をうながせる」「3.11以前なら最後までいるけど、3.11以降、自分の命を優先にすることにしました」などの意見がありました。一方、NOの理由には、「団員として任務を果たさないといけない」「周りのお子さんを抱えてできる限り最後までいる」などの意見がありました。

表 5-1 「クロスロード：大洗編」の設問例

番号	設問内容
問 3	あなたは沿岸部に住む住民。大地震が発生した。避難しようとしていたら、近所のオジサンはどうしてもそんなに高い津波が来るなんて信じられず、海岸を見に行きたいと言う。あなたはどうする？ ⇒ YES 先に逃げる　　NO 残って避難するよう説得する
問 9	あなたは防災担当の管理職。現在、大津波警報が出て、防災関係部署は対応に追われています。そのような中、職員の駐車場まで津波が来る恐れが出てきました。部下たちから（部下たちの）車の移動の許可願いがあなたに出ました。車の移動を許可しますか？ ⇒ YES 許可する　　NO 許可しない
問 11	あなたは小学生２人のお母さん。地震が発生。自宅は被災しなかったが、家の水、食料がなくなってしまった。町内会は水、食料を配っているが、これまで町内会に入っておらず、参加の誘いもすべて断ってきた。もらいに行く？ ⇒ YES 行く　　NO 行かない
問 12	あなたは漁師。震災後、町が大きく被災した。原発事故により、獲れた魚の放射線量が暫定基準値をぎりぎり超えている。しかし、町の中は食料不足状態に陥っている。獲れた魚を近所の方に分けますか？ ⇒ YES 分ける　　NO 分けない
問 17	あなたは宿泊業者。地元は原発事故による風評被害の影響を受けている。あるマスコミの記者が地元の風評被害について書いた。その記事は間違った情報ばかりだと思い、ブログで訂正した。しかしブログの読者がコメント欄であなたとは反対の意見を書き込んだ。あなたは議論を加える？ ⇒ YES 議論する　　NO 議論しない
問 18	あなたは被災地のお土産屋（物産）さん。観光客を呼び込むために、「イベント」を企画し、マスメディアでも報道してほしいと思っている。しかし、興味をもってくれた取材記者は、このイベントを「風評被害」の視点から報道したいと言っている。取材を受ける？ ⇒ YES 受ける　　NO 受けない
問 19	あなたは地元のローカル鉄道の応援団団長。毎年のお歳暮は必ず地元の銘柄のお茶にしていた。しかし、今年は、原発事故により「風評被害」を受けている。個人的にはそのお茶は安全だと信じているが、世間の評価も気になる。今年も地元のお茶にする？ ⇒ YES 地元のお茶　　NO 他の産地のお茶
問 20	あなたは大洗を支援している大学のボランティアサークルのリーダー。東京の友達が大洗に遊びに来るので、大洗サンビーチで泳ぐことになりました。しかし、友達の親は「放射能の影響が怖いから、海には入るな」と言っています。あなたはどうする？ ⇒ YES 海に入る　　NO 入らない

この設問の作成者、消防団員の飯田英樹さん[注1]は、どのような思いでこの設問をつくったでしょうか。本人解説動画において、飯田さんは、震災当時の自分の行動についての反省を語りました。下記は、本人解説動画で語られた内容です（図5-3）。

> 　しかし、当時は、まさか東北のような津波が来てると思いませんでしたから、津波は本当に、目の前に来て、水びだしになっていっても、これ以上来ないだろう。そういう思いで、そこで車の誘導してました。そっちいっちゃだめだよ、こっちいってください。早くむこうに、高台のほうに逃げてください。そして町民の方も、その状況を見ていた方がたくさんいました。でも仮にあれは東北だったらば、もちろん私はいま、ここにはいませんし、多くの町民の方、本当にこの大洗町が、南三陸町になっていただろうとそう思います。そして、あとでその東北の津波を知って、本当に自分たちの行動は正しかったかどうか。そういったことを考えてみますと、非常に問題点がたくさんありました。我々の消防団員が、避難する姿を見せることによって、町民のみなさんがたにそれほど危険が迫っているんだ、みなさんも逃げなければ、命があぶないですよ、そういう姿をみせながら、一緒に避難しましょうと変わりました。

図5-3　消防団員が登場した本人解説動画

飯田さんは東日本大震災発生当時、消防団員としての責任を果たしながら、津波は「これ以上来ないだろう」と思い、当時はNOの「避難誘導を続ける」を選択しました。しかし、その後、東北の被災地で、避難誘導のため命を亡くした多くの消防団員がいたことを知りました。そこで、当時の自分の判断が正しかったのかどうか、考え直しました。その結果、もし今度また津波が来て、津波避難誘導をすれば、最後まで残り、全員が避難した上で避難しはじめるのではなく、先頭に立ち「率先避難者」として、町民に「避難する姿をみせる」という新たな回答にたどり着きました。

　飯田さんの本人解説動画を通して、ゲームの参加者はあらためて津波からの避難と消防団の役割について考えることになります。たとえば、「大洗編」のワークショップに参加した地元の大学生は、最初は単純に「誘導を続ける」ことが消防団員の責任だと考えていましたが、動画を観てからは意見が変わり、先に逃げたほうが、多くの命を助けられるのではないかと考えるようになりました。この設問が投げかける問題は大洗町だけではなく、津波避難にかかわるすべての地域に共通する悩みであると考えられます。また、大洗町以外の東北の被災地からの反響もありました。宮城県で、防災教育の活動を続けてきた田中勢子さんが、同じく津波被害があった塩釜地区で講演し、この飯田さんの動画を紹介したときのことです。受講者から、「この動画は、消防団員として地域でははっきり言えないことを代弁してくれた」という声が挙がりました。

　ただし、この動画は、「現場に残って避難誘導をするのではなく『率先避難者』となってまずは避難しましょう」という選択肢をすすめているわけではありません。繰り返しになりますが、「クロスロード」には、正解がありません。YESにしても、NOにしても、時間、場所、人などさまざまな条件によって変わります。「先に逃げようとしても、目の前に子どもがいたら、本当に先に逃げられるのか言い切れない」というワークショップの参加者の発言があります。肝心なのは、当事者の声を通じて、皆に実際の出来事を理解してもらうことなのです。そこから、多くの住民に消防団の限界を認識してもらい、消防団

に頼らずに、防災意識を高めていくことを促すのも本取り組みの目標の一つです。

次に紹介する設問は、大洗町にいまでも影響を与えつづける風評被害についてのものです。

(2) 漁師が風評被害に悩まされているとき

> Q：あなたは漁師。現地の漁業は原発事故により風評被害を受けている。Facebook で情報発信して安全性をアピールしようと思うが、かえって風評被害を大きくしてしまう恐れもありそう。あなたはどうする？
> A：YES 情報発信する　　NO 情報発信しない

この設問について、これまで大洗でのワークショップでは、YES を選ぶ理由として「気にせず情報発信したほうがいい」「自分が情報発信しないと誰もしてくれないから」などが挙がりました。他方、NO の理由としては「ネット社会を信用できない」「誤解されるとたいへんなことになってしまうから」などが出ました。

次に、この設問が作成された背景をみてみましょう。設問の作成者は漁師の米川喬さんです。震災以前から、漁業者は自然環境の変化のために年々減少する漁獲量を問題視していました。それに加え、震災後、原発事故による放射能汚染の影響で、魚類は基準値を超える放射性物質が検出され、水揚げ自粛、出荷制限等の措置が実施され、漁獲量がさらに減りました。その中で、大洗町の漁業の収入源のひとつであったスズキという魚が放射能汚染による規制対象となりました。

米川さんは、2012 年 11 月 9 日、自身の SNS サイト Facebook のページで、大きなスズキが獲れた写真をアップし、「デカいスズキがとれたけど売れない（>.<）」という説明をつけました。しかし、この投稿について、「今後絶対しないように」後悔していたと米川さんは筆者や仲間の漁師に話しました。なぜ後悔したのか、本人解説動画の中では、次のように語られています（図 5-4）。

まあなんで後悔したんかというと、風評被害だから売れない、原発事故だから売れないというのを、だからアピールしちゃったんじゃないかなって、けど俺はそのアピールしたくて言ったわけじゃなく、ただ素直にせっかくなあ、こうやっていい魚獲れて、旬のいい魚なのに、売れないからもったいないよなって、結局放流するだけだし、死んじゃった魚をそのまま殺して海にね、捨てるだけになっちゃうし、本当にもったいないなと思って、載せたんですけど、けど見る人によっては、それが風評被害とか原発事故の問題というふうに捉えられちゃう、その捉え方の違いで、自分の考えが伝わらなかったから、なんかいやだなと思ったんで、後悔はしたんですよね。

図 5-4　漁師が登場した本人解説動画

　大洗町では、漁師だけではなく、風評被害の問題に対して、行政や住民がSNSを使って積極的に情報を発信したり、数多くのイベントを開催したりしていました。また、安全検査や安全情報の発信もしっかり行われていました。しかし、国と専門家が明確に対策を定められない状況においては、SNSの中で非難されることもありました。米川さんは、自分の投稿を読んだ人びとが大洗町の漁師を同情してくれるかもしれませんが、同時に放射能汚染を恐れて大洗の魚を敬遠してしまうのではと心配したのです。

5章　被災地の住民がつくる防災教材　| 123

しかし、漁師の中には、米川さんの複雑な気持ちに対して、理解を示しつつも、異なる意見をもっている人もいます。次に紹介するのは、大洗町若手漁師世代の任意団体「大洗町漁業研究会」の広報担当飯田尚樹さんの意見です。この語りも、米川さんと同じ本人解説動画に収録されています。

> 　その中でね、会長は後悔してという意見だったけど、でもねえ、やっぱり、Facebookは自分たちの、ありのままの姿をみてほしくて、はじめたことだから、それはいいじゃないかなって、思います。

　「大洗町漁業研究会」の漁師を対象にしたワークショップの際に、飯田尚樹さんと同じように、「気にせずに発信していこう」という意見をもつ漁師が多数いました。米川さんはこれらの意見に対し、そう言われると自分の気持ちはホッとするが、今後は放射能汚染に関する情報を取り扱うことを避けていきたい自分の気持ちは変わらないと発言しました。その理由は、単に一回のFacebookの投稿だけではなく、震災後積み重ねてきた苦い経験があったからです。たとえば、研究会の漁師らが築地へ行き、海産物をアピールするキャンペーンの際に、消費者からきびしい意見を言われ、かなりショックを受けたことがありました。米川さんの話を聞いて、「ああ～たしかにそのとき心が折れましたね」と他の漁師が米川さんの心境に共感を示しました。この状況に対し、ある漁師が「やはり放射能、ベクレルなんかをFacebookで説明するより、我々漁師の仕事の姿、魚を食べる姿を世間に見せることが我々にできることだ」と言いました。そこからワークショップの議論の雰囲気が一気に明るくなりました。漁師たちがどのような情報、たとえば魚のレシピや普段の働く写真などを提供するかについて、議論が盛り上がりました。

　特筆すべきことは、このワークショップでは、さまざまな議論の中で、YESかNOかの二選択一を超えて、「我々漁師の仕事の姿や魚を食べる姿を見てもらったほうがいいのではないか」というような、新しい答えが生まれたことです。大洗町の住民のネット上での放射能汚

染に関するこれまでの議論は、政府、東電の責任に帰着し、我々被害者は無力だという結論にしばしば陥っていました。しかし、今回のワークショップでは、このような結論に留まらず、当事者が自らの問題に対して、能動的に解決策を提案し、自らできることからはじめようとしています。たしかに、漁師が獲った魚についてのレシピ、あるいは漁師が仕事している姿をインターネットで情報発信するような対策は、国、行政、専門家が提言した漁業の復興対策と比べて些細なことのようにも思われます。しかし、このような小さい試みから、住民主体の復興がはじまるのではないかと考えられます。

3-3 「大洗編」の効果と反響

次に、「大洗編」の取り組みが、地域住民、そして地域住民と外部関係者に向けて、どのような反響があったのか、見ていきたいと思います。まず、設問の作成者たちにとって、この取り組みは、震災のことをふり返り、自分が直面している問題を明確にし、議論して、復興に向けて積極的に向き合っていく一助になりました。たとえば、漁師の米川さんは、いままで、漁業の不振、漁獲量の減少、そして原発事故によるダメージに対し、国や行政が何もしてくれないと思っていましたが、震災の後、漁業をPRすることは、自分たちにしかできないと実感したようです。特に、個人の力ではなく、漁業者全員の力がつながらないといけないと強調しました。彼は、「大洗編」をプレイした際に「選択Aの良いところと選択Bの良いところを合わせて、選択Cをつくったらいいじゃないかなと思います。その答えはおしつけるのではなく、皆の意見をまとめて、皆で考えて、皆で決めよう」と語ってくれました。

また、大洗で宿泊業を営む清水英善さんの話も紹介しましょう。30年間民宿を経営していた清水さんは、東日本大震災の年に、景気の低迷もあり、はじめて休業しようという思いが浮かんでくるのを感じていました。さまざまなきびしい経験をしてきた清水さんは、「大洗編」の作成に初期から加わり、設問づくり（表5-1の問3参照）、ワークショップの参加、地域への宣伝など、「大洗編」の取り組みを全力で

応援してくれました。その理由は、自分の体験を誰かに伝えたいとの思いが強く、また地域に対する愛情が深いからです。清水さんは「最初はこういうふうに質問をつくってくださいと李さん（筆者）に言われたけど、自分が問題を考えている中で、やっぱり大洗を良くしたい気持ちが出てきた」「『大洗編』のすべての問題を解決して、最終的に『Best 大洗』になるじゃない」と笑顔で話してくれました。

　作成者の中には、「大洗編」で議論したことを、実際の行政の政策とどのようにつなげることができるのかについて考えた人もいました。たとえば、宿泊業を営む石井盛志さんは（表5-1の問17参照）、行政の政策、震災に関するさまざまな復興事業が、これまで行政によって一方的に決定されてから、住民に通知されるといった流れになっていると感じています。今後は、住民の意見を尊重してもらうために、「クロスロード」のようなゲームをプレイすることを通じて行政と住民が平等の立場でコミュニケーションし、さまざまな関係者の合意が形成されるのではないかと考えています。

　次に、大洗町住民以外の人びとが、「大洗編」に対して、どのように考えているのか、また、ゲームを通じて、どのように大洗町とつながっているのか、みてみましょう。

　まず、アニメ『ガルパン』のファンの住民とのかかわりについて紹介します。大洗町をよく訪ねていたファンが、町民と一緒に、「大洗編」のワークショップに参加することがありました。筆者は、ファンはこれまで大洗町をアニメの舞台としてだけ見ており、被災地の大洗町を見ることに対して違和感をもつのではないかと思っていましたが、その後、わかったのは、大洗町のまちづくりの取り組みに関心をもつファンが増えつつあることでした。ワークショップの場では、ファンが、各自の被災体験を述べた上で、インターネットにおける風評被害の現状、大洗町に関する情報発信の方法、大洗町の今後のまちづくりについても、積極的に発言しました。普段、ファンとは交流が少ない住民の参加者も、このような熱意をもっている方々と交流したことで、「そこまで考えてくれて、感心しました」と感想を述べていました。

　他には、風評被害を引き起こす主体の一つとして住民から見られて

図5-5　お披露目パーティーの様子

きたマスメディアが、ワークショップの取材を通じて、住民と大洗町の風評被害の問題について話し合う場もありました。風評被害をテーマにする設問を通じて、ワークショップの参加者がその場で取材する取材者に意見を尋ねる場面があったのです。取材者らもその質問を避けずに、「被災地の立場として、報道します」と自らの意見を述べました。また、あらためて取材される側の気持ちを考え直したと話した取材者もいました。

「クロスロード：大洗編」の取り組みは、問題の作成者、地域住民、そして外部関係者をつなげました。たとえば、教材パッケージの印刷が完成した2014年11月26日には、「クロスロード：大洗編お披露目パーティー」が開催されました。設問の作成者以外に、町役場、マスメディア、地元の大学生などさまざまな立場の参加者が「大洗編」の完成を祝いました。パーティーでは、設問の作成者自身が問題を朗読し、問題に対する解説、思いを語りました（図5-5）。大洗町の外からやってきた参加者もこの機に、大洗町の住民の本音をしっかり聞きました。大洗町住民は、大洗が抱える深刻な問題を紹介して不安や絶望に導くのではなく、ユーモアを交えたり、イラストの魅力に触れられたりしながら、それぞれの悩みや思いを語り合い、そして参加者と共有しました。「大洗編」は、当事者が抱える不安や葛藤を、さまざま

5章　被災地の住民がつくる防災教材　│　127

な関係者とつなげるツールとしてみることもできるのです。

　このように、「大洗編」には、問題を抱える当事者だけではなく、さまざまな関係者と共同的に大洗町の防災、復興のまちづくりに取り組める効果があると考えられます。次節では、これまで述べてきたことをふまえながら、「大洗編」の取り組みの意義をまとめます。

4　「クロスロード：大洗編」の意義

　1-2節の「住民主体」とは何かの問いに戻りましょう。「大洗編」は、「住民主体」の取り組みと言えるのでしょうか。それについて考えていく前に、ひとまず「大洗編」の特徴を明確にしておきましょう。

　「大洗編」とこれまでの「クロスロード」に共通しているのは、災害の体験や教訓の蓄積と伝承にとって有効だということです。また、ゲームを通じて、参加者は活発に議論ができ、他者の経験や知恵から学ぶことができます。一方、「大洗編」には、従来の「クロスロード」と異なる点もあります。従来の「クロスロード」では、研究者、専門家らが阪神・淡路大震災の被災地における事例をもとに作成した教材を、主に全国の地域住民に対して、防災啓発を行うゲーミングワークショップ、研修会、防災授業などを通して活用してきました。これまで、減災活動のためのツールは、従来の「クロスロード」を含めて、災害を経験した人（たとえば、被災者）、ツールをつくった人（たとえば、研究者）、ツールの使用者（たとえば、未来の災害に備えようとする人）が異なるのが一般的でした。一方、「大洗編」では、災害を経験した人、ツールをつくった人、ツールの使用者、それらすべてが同じ大洗町住民なのです。地域住民が地域の課題を自分自身で設問の形にしたからです。問題の解説、分析も、防災の専門家ではなく、住民、当事者自身によってなされています。さらに、作成されたツールは、地域で行われるワークショップを通して、住民が多様な参加者と地域の問題について相互に議論し、新たな問題を考えることを可能にしています。

　このようにして、「大洗編」の取り組みの価値は、被災地の住民が

誰かに依存しようとせず、問題づくりとプレイを通じて、地域の価値に気づき、主体性を取り戻していることにあります。

次に、このプロセスを三つのステップに分けて説明していきます。

4-1 明確化・可視化

このステップは、震災、放射能汚染、風評被害の体験、そして次に来る巨大災害に対して、当事者の心の中に存在している問題、矛盾、葛藤を文字や映像を通して可視化したことを指します。この作業は、震災後、復旧復興の仕事に追われるばかりの被災地では、優先順位が低く、あまり重視されないかもしれませんが、当事者にとっては、たいへん重要だと考えられます。つまり、「いくら頑張っても解決できない」「言ってもしょうがない」ことを文字や映像で表現することは、問題と向き合う最初のステップになります。また、単に自分の気持ちを整理するだけではなく、他者に理解してもらうきっかけにもなるのです。それは、次のステップと密接に関連しています。

4-2 共通化・共有化

次に、具体化された言葉、映像が、教材、ゲームを通じて、コミュニティと外部関係者の間で共有されました。この作業を通して、当事者は「問題の解消」へといたることができます。ここで、「問題の解決」ではなく、「問題の解消」と表現した点に注意してください。これは、これらの問題は直接的に「解決」することができないために当事者たちを苦しめているのですが、対話を通じて心の中の問題、不安が共有されることによって、当事者はその苦しみや悩みを少しでも「解消」することはできるのではないかという考えにたっているからです。たとえば、漁師の米川さんがそれまで口に出さなかった後悔の気持ちを仲間と共有したことによって、「気にしなくていいよ」と声をかけられ、「ホッとした」と解放された気持ちになった例がありました。

共通化・共有化することのもう一つの意義は、これら具体化された問題について、地域とともに向き合えるようになることです。つまり、当事者の悩みを公開することにより、コミュニティ全員が自分も経験

したことをあらためて再考し、意見を交わすことができました。さらに、そのことが次のステップに向けて、新たな対策を考えることにもつながっていきました。

4-3　主体化

　最後に、「大洗編」の取り組みの主体性について論じます。繰り返しますが、「大洗編」は、地域住民が自らの言葉で、震災以来抱えてきた問題を明確にし、コミュニティで人びとと共有し、これまで避けてきた問題と向き合うものです。そこに「問題の解消」の道のりが現れます。たとえば、漁師の米川さんの発言のように、それぞれの意見を尊重し、A意見の利点とB意見の利点をあわせて、Cという新しい方法を考え出すことができます。重要なのは、意見と対策を提出できるのは、これまで依存しがちであった行政、専門家ではなく、当事者である地域住民だということです。

　また、もう一つのポイントは、他者の評価、援助を受けることに比べ、当事者が自分たちで客観的に問題を見つめ、防災教材を作成することには勇気がいるかもしれないということです。大洗町の場合、観光業がさかんな地域であるため、震災に遭っても「元気な大洗町」として、外部の観光客、業者、国にアピールしなければならない事情もあります。そこで町の問題点（津波、放射能汚染などのリスク）を可視化することは、かえって町にマイナスの結果を招いてしまうかもしれません。「大洗編」の作成が、大洗町の復興にとって何かしらの問題を生んでしまうことはないのかといった危惧も想像されます。しかし、実際のところ、「大洗編」の作成は、町にマイナスな結果をもたらすのではなく、むしろ地域の魅力としてとらえられています。これは、当事者自身が地域のことを考え、かかわろうとすることで、地域に対する責任感や、関心、愛着が生じたためではないかと考えられます。清水さんが語ったように、「設問をつくっているうちに、地域を良くしたい、地域のために頑張りたい」という気持ちが現れたということです。

5　今後に向けて

　本章では、筆者が行なった東日本大震災の被災地、茨城県大洗町におけるアクションリサーチの結果を紹介しました。大洗町の住民と共同して「クロスロード：大洗編」という防災ゲームの開発を行い、大洗町に震災発生以来つきまとってきた、復興と防災にかかわる問題、たとえば津波避難、放射能汚染などの難題を、設問として可視化しました。そして、可視化された問題についてゲーム形式で人びとが議論し、共有することにより、地域の関係当事者がつながっていき、一朝一夕では解決できない危機に対して、ともに立ち向かう姿が「クロスロード：大洗編」を通して構築されています。

　「大洗編」の今後の発展として、二つの方向性が考えられます。

(1) 実際の対策へ反映すること

　「大洗編」の取り組みがはじまって、1年が経とうとしていた頃、大洗町の中のみならず、他の地域の方々からもさまざまな反響がありました。しかし、「大洗編」の取り組みから生まれた具体的な意見、発想を、いかに実際の対策に反映できるのかということが、新たな課題となっています。それは、「大洗編」が地域で定着できるかどうかが鍵となっていることを意味します。住民が「大洗編」で考え出した意見が、現実に実行できれば、住民の参加意欲ももっと高まるでしょう。これらのワークショップの成果を行政に提案したり、各団体・組織・学校との連携により、地域の復興、防災対策とつなげることも期待されています。

(2) 他地域への啓発になること

　震災後、放射能汚染、風評被害、あるいは復興事業に追われ、住民の主体性が喪失してしまうなど、大洗町と同様の課題を抱える地域、あるいは大洗町より深刻な被災地、そして、将来の災害に向けて防災対策に取り組もうとする地域において、地域の問題や課題を皆で一緒に考え、地域の特色を発揮する取り組みが求められています。「大洗

編」の取り組みは、こうした被災地コミュニティの主体性を取り戻していこうとするときに、ひとつのヒントになるのではないでしょうか。それぞれの地域でも、自分たちの「クロスロード」を作成してみるのです。自分が直面する問題について自らの言葉で語ること、それを地域のみんなで共有すること、それによって問題についての主体性を回復していくこと。「クロスロード」を当事者で作成することには、そんな可能性があるように思います。

　最後に、本取り組みに協力してくれたすべての方々に感謝の言葉を申し上げます。

注1　本章の登場人物の名前と写真は、すべて本人たちの了承を得て、公開させていただきました。

6章　ことばによる減災アクション

近藤誠司

1 はじめに

　みなさんは、「ことばのチカラってすごいな」とか、「あのことばには、まるで魂が宿っているようだ」とか、そんなふうに感じたことはありませんか。誰かが贈ってくれた／届けてくれたことばによって、こころに火が灯るようなあたたかい気持ちになったり、エネルギーが満ちあふれてくるような感じがしたり、そんなすてきな体験をしたことがあるのではないでしょうか。また、たとえそれが思いつきだったとしても、自分が口に出したことばによって自分自身がいちばん刺激を受けて、ことばに突き動かされるようにして前に進むことができた、そんなふしぎな体験をしたこともあるのではないでしょうか。

　本章では、「ことばによって規定する／規定される減災アクション」に照準を当てて、筆者らが取り組んできたことを紹介します。ことばのチカラを信じて、新たなことばを紡ぎ出すことによって減災の取り組みを進めていこうというアプローチです。すごく遠回りで、すごくナイーブで、すごく弱々しい構えだと感じるかもしれません。自然災害という強敵に対して、ことばのチカラだけで一体全体どのようにして対抗するというのでしょうか。この疑問には、ひとまずこう答えておきましょう。そもそも「強敵」とか「対抗」とか、そうした威勢のよい厳めしいことばを振りかざすこと自体が、わたしたちの社会や時代をかえって息苦しくさせているのではないか —— そうした点に関して、筆者らのチャレンジは、反省的な視座をきっと確保してくれるはずだと。

　防災や減災のためにだけ生きている人はいません。しあわせな思いがにじみ出てくるような暮らし、おだやかな愛のある歓びに包まれた生活、そうした充実したときをすごせることこそが、多くの人が求めている「人生における真」なのではないでしょうか。だから、ことばに焦点をしぼって考えてみることは、根本の中の根本だと筆者らは考えています。本章も、そんな思いを込めてことばを紡いでいます。ぜひ、多くの人に受けとめてほしいと願っています。

2 ことばの創造力

　「ことばによる減災アクション」の具体例を紹介する前に、本節では筆者らが注目していることばのチカラ —— 最終的には図6-1にあるとおり「創造力」ということばに統合します —— とはどういうものなのか、少し整理して述べておきましょう。とてもシンプルなことです。皆が感じていることを、まさに素直にことばにしてみました。ただし、「時間」の分類を補助線にして、やや固いことばに結晶させながら議論を進めていきます。

　ことばは、すでに過ぎ去った時を、すなわち「過去」を、そのままに保存するチカラがあります。これを、さしあたってことばの「過去保存力」と呼んでみましょう。わたしたちは過去の経験を、ことばに託して記憶／記録に留めておくことができます。もちろん可能であるならば、過去の経験が色あせないように、そのときのリアリティをそのまま詰め込んでおこうとします。わたしたちは、ことばの中に過去を宿すわけです。たとえば、「東日本大震災」ということばがあります。地震のなまえは「平成23年東北地方太平洋沖地震」ですから、敢えて別用につくられたことば（災害名）です。このことばによって、あのときの経験の多くを、みんなと共有しようとしています。「東日本大震災」のイメージは、けっしてひとつではありません。意味することは、多様・多層で、しかも膨大です。そして、流動的です。それでも、そのことばの器ひとつに、わたしたちはなんとかしてたくさんのことを盛り込もうとする。そして、ときに「東日本大震災」ということばは、わたしたちに語り掛けてもきます。いったいあの経験は、どういう意味をもっていたのか。教訓は、反省はどこにあったのか、と。わたしたちは、ことばを通して過去の体験を想起することができます。さしあたってこれを、ことばの「過去覚醒力」と呼んでおきましょう。わたしたちは昔のことを懐かしみ思い出して、また新たにことばのリアリティをつくり直していく。だから、ことばの「過去保存力」と「過去覚醒力」は、厳密にいえば、「過去創造力」とまとめることができるかもしれません。

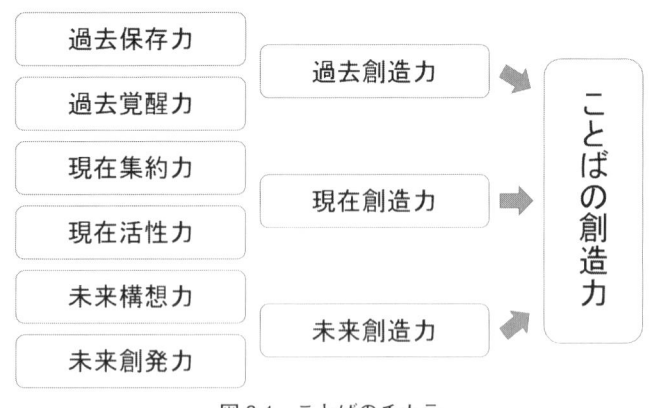

図 6-1　ことばのチカラ

　また一方で、ことばは、今という時間を前にして、今起きていることの何たるかを、これだというふうに指し示すチカラがあります。これを、さしあたってことばの「現在集約力」と呼んでみましょう。一度ことばとして表出してみると、今度はそれを土台にして皆で議論することができます。思いを寄せることもできます。加えて、人びとがことばを共通の土台として活動する事態まで含めると、ことばには「現在活性力」があるというふうに言えるかもしれません。もちろん、生まれてきたことばが、人びとを反目させる原因になることもあります。人びとを分断するネガティブな作用が働いてしまうときもあるでしょう。だから「減災」ということばに関しても、注意深く、どのようなリアリティをもって人びとに受けとめられているのか確かめなければなりません。1章の2-1節（11ページ）では、「プラスチックワード」に惑わされないようにと注意を促していました。流行のことばがつくられて、それが次から次へと消費されてしまう現代にあっては、ことばの「現在集約力」も「現在活性力」もきわめて乏しいもの —— かりそめのもの —— になり果てているのかもしれません。鮮度が失われるのが早い、射程の短いことばは、はかなさというよりもむしろ、虚しさを感じさせます。しかしだからこそ、この混沌とした社会のなかでコミュニケーションを成立させる手立てとして、ことばの

チカラを取り戻すことが求められていると言えるのではないでしょうか。こうしたことをふまえて言いかえるならば、ことばには「現在創造力」があると言ってもよいと思います。

　さらに、ことばには、まだ見ぬ未来を現前させてくれるチカラ、「未来構想力」があります。わたしたちはことばをテコやバネにして、未来に跳躍／飛翔することができます。さしあたって、「未来創発力」と呼んでもよいでしょう。「過去」と「現在」を、それぞれの時間の枠の中で「創造」するだけでなく、というよりもむしろ、「過去」を「覚醒」させ「現在」を「活性」するその先に、「未来」を「創造」していると言えるのではないでしょうか。敢えてことばにすることによって、知らないうちに未来が決定づけられてしまうことが往々にしてあります。景気が悪くなる悪くなると言っているうちに、実際に景気が悪循環に陥っていく。まさに「予言の自己成就」です。逆に、ポジティブな未来を思い描きながら、それを自覚的にことばに表出することによって、すばらしい結果を招き寄せることができる場合もあります。多くの「成功者」たちは、「きっといつか自分は輝く栄光をつかむのだ」という熱い思いを、やはりことばにすることによって刻苦勉励していたといいます。この場合、ことばの宛先は、まずは「未来の自分」にあったわけです。もちろん、同じようにして、社会の成員が皆で未来社会を構築していく際にも、ことばが果たす役割は大きいと言えるでしょう。「被災地を復興させる」とか、「減災社会を実現させる」とか、そうしたスローガン／キャッチワードによって、わたしたちはビジョンを重ね、目標を探索していくことができます。ことばは、皆で議論してきた過程を「保存」し、議論の争点を「集約」し、未来を「創造」する地平へと誘ってくれます。まとめるならば、ことばには「未来創造力」があるということになりましょう。

　繰り返しますと、ことばにはチカラがあります。ことばのチカラとは、過去・現在・未来、そのすべてを包摂する「生の営み」を駆動させるチカラ、すなわち「創造力」——クリエイティビティ——です。わたしたちは、ことばのリアリティの渦の中で、自らそのリアリティを規定しようと働きかけ、逆にことばのリアリティに規定されもする、

6章　ことばによる減災アクション

そのダイナミズムの中に生きています。このことをふまえて、次節以降、二つの取り組みを紹介していきたいと思います。一つ目は、主に「過去」と「未来」に照準を当てた ── もちろん、「現在」に目をつぶっているわけではありません ── 実践です。ラジオ放送というメディアを活用した間接的なコミュニケーションにおけるチャレンジです。二つ目は、敢えて言えば「現在」に強くこだわりがある実践です。定期的にひとつの「場」に集まって行われる直接的なコミュニケーションにおけるトライアルです。いずれもまだ進行中のアクションなので、端的に成果をまとめるには早すぎるかもしれません。ただしやはりここでも、一度ことばにしてみることによって、あらためて未来を創造し直してみようという筆者らの思いが込められています。

3 「ぼうさい夢トーク」におけることば

　はじめに紹介するのは、ラジオ番組の企画・制作を通して、「減災」にかかわることばを紡いでいくという取り組みです。東日本大震災という痛ましい経験をふまえたとき、わたしたちは今、この現代日本社会で「減災」の取り組みを進めていく上で、どのようなことばによって未来を創造していけばよいのでしょうか。本節のキーワードは、「等身大の」です。もう少しフラットな言い方をするならば、「人として」ということになります。人が人に対して紡ぎ出す等身大のことばには、どんなポテンシャル ── 潜在能力 ── があるのか、一緒に確かめてみましょう。

3-1　等身大のことば
　ラジオ番組「ぼうさい夢トーク」の構想が持ち上がったのは、東日本大震災が起きてまだ1年も経たないうちのことでした。そこには、「世の風潮」に対する漠たる危機感がありました。筆者らがとらえていたそのときの「世の風潮」とは、およそこういうことです。東日本大震災では、立派な防潮堤や都市構造物が壊され、原発も爆発事故を起こし、科学不信、メディア不信を招きました。科学コミュニティが

このまま萎縮してしまうと、科学立国たる日本社会が立ち行かなくなる。急いで防災対策を促進させ、エネルギー政策も再建して、巻き返しを図らなければならない。だから、レジリエンス社会が、国土強靭化が、とにもかくにも求められる……。

このような「世の風潮」が、どこまで蔓延していたのかは定かではありません。しかし、事の帰結として、「リスク・コミュニケーション」が叫ばれはじめたことは事実です。この文脈における「リスク・コミュニケーション」の内実として、科学者（専門家）が市民（非専門家）にアウトリーチすること、行政やメディアがリスク・メッセージを迅速・的確に発信すること、市民のリスク・リテラシーを底上げすることなどが挙げられていたことも事実です。筆者らの疑問は、そうした「リスク・コミュニケーション」は、東日本大震災が起きるよりもずっと前に議論／実践されていたものに過ぎないのではないか、それを単に焼き直せば済むのかという点にありました。換言すれば、「リスク・コミュニケーション」をプラスチックワードにしてよいのかということになります。

東日本大震災以前に、わたしたちには何が足りていなかったのか。東日本大震災を経た今、新たに何をなし得るのか……。仲間たちと議論してみました。そこで出てきたキーワードが、「等身大の科学」ということでした。逆に言えば、現代の科学は、科学コミュニティやグローバルな市場経済の中で勝ち抜くことを意識した「マッチョ（筋肉質）な」営み ── もっといえば、道具主義的な単なる手段 ── になっていて、市民からすれば、およそ縁遠い存在になっているのではないかということです。

科学のことばは、市民のこころにはなかなか届きません。もちろん、学術用語が市民には理解しがたい、理解する手間も暇も知識もないという現実的な壁もあります。しかし原因はそれだけではなくて、科学者は市民にきちんと顔を向けていない、膝を突き合わせていない、そしてこころを開いていないということにもあります。「等身大の人として」、あなたとわたしという対等な関係を取り結ぼうとしていないということです。科学コミュニティは、従前どおり敷居を高く構え

まま、そこにのぼってくる努力を少しでも怠る人を撥ねつけています。その反作用として、科学のプロフェッショナリズムに対する人びとの敬意も縮減しています。

この閉塞した事態を変えるには、どうすればよいのでしょうか。学術用語をやさしく解説するだけでは足りません。市民講演会の数を増やせば済む問題でもありません。科学者（専門家）と市民（非専門家）の関係性を再構築するきっかけを意図的に生み出すことが必要です。

そこであらためて、筆者らは専門家のことばに注目してみました。専門家の乾いた —— 無味乾燥な —— ことばは、現時点ではおよそ瑕疵のない、無駄のない、非専門家からすれば味わいようのないことばが多い。それだけに、市民からすれば、ただただ受けとめるしかない、「おしいただく」しかないものです。だから本音を言えば、脇へ脇へと受け流したいことばです。そして専門家自身も、自説の無謬性を信じて、「専門家・然」と —— 仮説体系の無限更新運動を繰り返す選ばれしエリートとして —— ふるまっています。

しかし専門家も、専門家になる前は当然、非専門家でした。試験で赤点をとってしまうような学生だったかもしれません。「人として」悩み、考え、工夫し、挑戦し、また挫折する。そんな「等身大の人生」を送ってきたはずです。専門家が自身の歩みをふり返る中には、きっとそうしたことばがまだ残っているはずです。では、その専門家が描く未来は、どんなものなのでしょうか。専門家だけの手による、専門家だけにしか理解できない、専門家の驕り —— いや、それが誇りなのでしょう —— に満たされた未来なのでしょうか。それとも、専門家のいだく夢であっても、それは自身の家族にも容易に共有されうるような、「等身大の人生」の延長に据えられているのでしょうか。

たとえ今、専門家と非専門家との間に「貧しい関係性」しか見出せなかったとしても、両者を「過去」と「未来」の地平で交絡させることによって、実は同じ「等身大の」人同士であることがわかりあえるのではないか。これが、著者らが取り組みをはじめる前に直感したことの要点です。今一度、ワンワードでおさえておくと、「等身大のことばを紡ぐことからはじめる減災アクション」です。ずいぶん前置き

表6-1 「ぼうさい夢トーク」放送履歴リスト

放送年月日	名前	所属・肩書（出演当時）	タイトル
2012年11月5日	山田真澄	地震防災研究部門 助教	役に立つ地震学
2013年 1月7日	松四雄騎	山地災害環境研究分野 准教授	山を診る地滑り学
2013年 3月4日	森 信人	気象・水象災害研究部門 准教授	もっと海に向き合おう
2013年 4月8日	畑山満則	社会防災研究部門 准教授	人に寄り添う情報処理
2013年 6月3日	山口弘誠	気象・水象災害研究部門 特定助教	雨の向こうに笑顔が見える
2013年 7月1日	榎本 剛	気象・水象災害研究部門 准教授	とことん、高気圧！
2013年 9月2日	高橋良和	地震災害研究部門 准教授	耐震工学に、誇りと志を
2013年10月7日	福島 洋	地震予知研究センター 助教	地球まるごと、中から外から
2013年12月2日	竹門康弘	水資源環境研究センター 准教授	環境防災学の地平
2014年 2月3日	倉田真宏	地震防災研究部門 准教授	鋼構造にも、柔らか発想
2014年 4月7日	川池健司	防災工学講座 防災水工学分野 准教授	都市の浸水、予測します
2014年 6月2日	米山 望	流域災害研究センター 准教授	三次元解析でリスクを見つめ直す
2014年 8月4日	西嶋一欽	気象・水象災害研究部門 准教授	風とリスクとヤシの木と
2014年10月6日	松島信一	社会防災研究部門 准教授	振動のスペシャリスト
2014年12月1日	飛田哲男	地盤災害研究部門 准教授	研究も人生も地盤が大事
2015年 2月2日	中道治久	火山活動研究センター 准教授	火山のホームドクター
2015年 4月6日	関口春子	社会防災研究部門 准教授	揺らぐ大地にこころが響く
2015年 6月1日	馬場康之	流域災害研究センター 准教授	風待ち、海待ち、データ良し！
2015年 8月3日	米田 格	阿武山地震観測所 技術職員	満点の防災、奏でたい

が長くなってしまいました。具体的な中身を説明していきましょう。

3-2 科学者である前に人である

　ラジオ番組「ぼうさい夢トーク」には、京都大学防災研究所に所属する新進気鋭の研究者や技術者たちに、次々と出演していただいています（口絵⑩）。放送は2ヵ月に1回程度で、本稿執筆時（2015年8月）には、すでに4年目のシリーズに突入しています。表6-1に、放送の履歴を示しました。ご覧のとおり、多士済々です。専門分野もさまざまです。でも皆、「科学者である前に人である」点は同じです。

　番組のサイズは、およそ30分間です。インタビュアーは、NHK大阪放送局に勤めている住田功一チーフ・アナウンサーです。住田さん

図 6-2 ぼうさい夢トークの収録風景（第 14 回、松島信一さん：左）
（右は、インタビュアーの住田功一チーフ・アナウンサー）

は兵庫県神戸市出身で、阪神・淡路大震災の現地リポートをいち早く行なったことや、『NHK スペシャル』で防災関連の番組を数多く担当してきた、おそらく「日本屈指の」ベテラン・アナウンサーです。であると同時に、大好きなふるさと・神戸のエピソード —— そのなかでも特に阪神・淡路大震災の体験 —— を話し出すと止まらなくなる、そうした情熱を宿したお人柄でいらっしゃいます。

 インタビューは、対談形式で行われます（図 6-2）。たいていは 1 時間ほどで終わりますが、白熱すると 2 時間近くにおよぶこともあります。収録した音声データをすべて文字起こしして、何度も読み返して大事な部分を掌握し、それをもとに編集して 30 分サイズにまとめ、オンエア —— NHK ラジオ第一放送（関西地区限定）、ただしインターネットを介して全国サイマル放送も —— してきました。なお、筆者（近藤）は、インタビューに先立って行う事前取材、想定 Q&A シートの作成、収録作業の立ち合い、編集作業、番組の枠づけコメントの作成等、一連の作業を担ってきました。ですので、実践当事者といってよい立場にあります。

 人が人に話を聞き、人がそれをまとめて、人に伝える……。そのワークフローは、こうして文字にして書けばごく当たり前のことです

が、しかし十分に難しいことでもあります。一生懸命、人に向き合って、人柄に直にふれて、感じて、さらにリスナーになる多くの人のことを思い浮かべながら、「等身大のことば」を探していきました。だから、言い間違い／言いよどみ／言いかえ、笑い声、沈黙なども、なるべく大事に扱っています。あたまで理解しやすいかどうかという判断基準だけではなくて、こころで腑に落ちるかどうかという判断基準も使用しています。ですので、インタビューの編集作業を「科学的に行う」ことなど、けっしてありません。そんなことをしたら、インタビュー番組は、その命を失ってしまうことでしょう。

3-3　過去の交絡 ── 人としての歩み

　人に歴史ありと言います。出演した研究者それぞれに、それぞれの歩みがありました。幼いころから科学少年・科学少女だったと言えるような人も数多くいました。父に天体望遠鏡を買ってもらったことが、自分の人生をふり返ったときに「転機になっていたと思う」と答えた人もいますし、「なぜだか無性に雷を眺めているのが好きだった」と語った人もいます。小学生のころからコンピュータ・プログラミングをしていた人も複数いました。また、生まれ育った環境のおかげで、自然とふれあうのが好きだった人、クラブ活動に尽力したおかげで探究心を養ったという人もいました。

　その一方で、理系なのに数学が苦手だった人、さらに物理で赤点をとってしまったという人、スポーツや音楽活動にのめり込み過ぎて大学で留年してしまった人、就職活動に失敗した人、海外に留学した先で英会話に苦しんだ人、自分が本当にやりたい専門分野がなかなか定まらなかった人などもいました。時代の影響もあります。阪神・淡路大震災が在学中に起きたという人たちの多くは、そこで「やるべきこと」が定まったという回顧をしています。また、東日本大震災のインパクトに対しては、そこで浮足立つのではなくて、もう一度、「やるべきこと」を見直そうとする機運があることもわかりました。

　シリーズ第18回の放送に登場した馬場康之さん（図6-3）は、京都大学防災研究所白浜海象観測所で海水の動態などを観測している水理

図 6-3　馬場康之さん（ぼうさい夢トーク第18回出演）

学の専門家です。馬場さんは、先にかいつまんであげたエピソードのうち、「その一方で」に数多く該当する「失敗談」を豊富に（笑）、語ってくださった人でした。高校時代には物理で赤点をとり、大学の学部時代にはアメフトに打ち込み過ぎて留年し、大学院修士課程では就職活動に失敗してやむなく博士後期課程へ進んだ……等々。それらのエピソードを、笑いを絶やさずにことばにしてくださったことで、まずもって馬場さんの快活な人柄が、自然に伝わる放送になったはずです。研究フィールドにおいては、馬場さんは、師匠の先生との偶然の出会い ── 師匠の先生がアメフト好きだったそうです ── をスタートに、まず「実験」のイロハを仕込まれ、地道な作業を繰り返し行い、とことんやったその先に、「現場」に出て、複雑な自然を相手に真摯に「観測」することの大切さをつかみとりました。馬場さんの研究の主眼は、海象／気象のデータを「連続観測」して、「良いデータ」を蓄積することにあります。それは、どうみても地味な作業の連続です。海岸から2キロほど沖にある観測塔に自分で船を操縦して接岸し、船をロープで固定してから乗り移り、観測機器のメンテナンスを行う。そこは「3K」の職場 ── キツイ、キタナイ、キケン ── といってもおかしくありません。しかし研究上は、誰かが担わないといけない作業です。馬場さんのがっしりとした体格もふまえると、まさに「縁の下の力持ち」、そんなイメージがぴったりです。

図 6-4　森信人さん（ぼうさい夢トーク第 3 回出演）

　仮に、馬場さんの「今」だけを切り出して、馬場さんが現場観測によって得たデータやその成果だけを見せつけられたとしても、市民も含めて、おそらく多くの専門家でさえ、ぴんとこないのではないかと思います。しかし、これまでの歩み、これまでの蓄積、これまでの思いをふまえたことばを通して、馬場さんの取り組みの一端にふれると、その「すごみ」、その真剣さが輝いて見えてきます。

　シリーズ第 3 回の放送に登場した森信人さん（図6-4）は、海洋工学の地平から、馬場さんが現場観測によって得たデータ群がいかに優れたものなのか、その価値を理解しているひとりです。森さんは、東日本大震災において、巨大津波が日本列島をどのように襲ったのかその全貌をきちんと把握するため、大勢の津波研究者たちの調査活動全般をボランタリーに後ろ支えする、これまた「縁の下の力持ち」役を担った人です。その後も、気象庁の津波シミュレーションを改善するため、陰ながら地道にアシストする作業を続けてこられました。もっと海を見つめよう、そんな熱い思いを互いにもつ者同士として、馬場さんは、森さんならば、波動を計算するプログラムを精緻化する際に、白浜海象観測所のデータを活かしきれるのではないかと期待を寄せています。その学術的な理路は、残念ながら素人のわたしたちには理解が及びません。しかしその関係性の回路に関していえば、そこには「等身大の」人同士の信頼関係がベースにあることを十分に理解／

6 章　ことばによる減災アクション

納得することができます。ああ、科学者もまず人であるのだなと。科学のためにだけ生きているのではなく、まして科学コミュニティのほうだけを向いているのではなく、人として、等身大に、社会にコミットする道筋をそれぞれがもっているのだなと。

　もちろん、これがスタートラインであって、ゴールではありません。ここからようやく、世に言われているような「リスク・コミュニケーション」がさまざまにデザインされていけばよいと思います。しかし、繰り返すならば、防災という目的を至上のものとして、科学の営みを「今」という断面だけでとらえようとしても、おそらく科学のことばは、わたしたちのこころをふるわせてくれることはないでしょう。

　誤解のないよう付言しておけば、数式や公式のようなことばの価値を貶めようというのではありません。それらが紡ぎ出されてきた理路だけでなく、それらがやり取りされるようになった回路にも目を向け耳を傾けられるよう、互い ── 専門家と非専門家 ── の過去と過去とを交絡させてみようということです。だからもちろん、非専門家であっても、数式や公式という極限にまで凝縮されたことばにふれて、こころふるえる経験をする場合だってあることでしょう。

3-4　未来の交絡 ── 夢見ることばたち

　ラジオ番組「ぼうさい夢トーク」は、すでに述べたとおり、およそ30分間の番組です。そのうち半分近くを、3-3節にみた「歩み」を丹念にたどることに使っていました。あとの残り半分の時間のうち、多くは、研究の最前線を紹介することにあてていましたが、番組終盤のラスト5分は、決まっていつも「夢」をうかがうことにしていました。

　リスナーにしてみれば、番組の出演者である専門家のトークを聞きながら、その人柄にふれて、十分に互いの「過去」を交絡させたあとで、ようやく「未来」を交絡させてみるステップに進むという流れになっています。この人物 ── この専門家 ── は、いったいどんな「未来」を思い描いているのだろうかと。

　ひとことで「夢」と言っても、それによってまず「個人的な夢」を想起する人もありますし、より大きく「社会の展望」を語る人もい

ます。「現在」の延長に位置づけている人もいますし、敢えて少し飛躍させた地点を述べる人もいます。ただしそれらはいずれも、単なる「研究（科学）の展望」ではありません。それは、表情のない「抽象的な未来」などではなくて、研究者（科学者）としての生き様に裏打ちされた、わたしたちみんなが共有しうる「具体的な未来」です。すでにして、インタビューの中で「人として」の歩みを語ってきたわけなので、夢の語りには、本人の切なる思いが、知らず知らずに色濃くにじみ出ています。さあ、読者のみなさんも、「夢」のことばの数々に、ふれてみてください。

新しい発見とか、まあ、サイエンスとか、そういったことに非常にあの、たくさんの関心があって、それをまあ実用的に応用したりするような技術に関しては、あんまりあの、興味を持ってくれる人がいないんですけれども、これはあの、「緊急地震速報」とかっていうシステムは、日本の全国の人にもう、ずっと日々知らせているもので、非常に重大な問題ですから、すこしでも多くの人が興味をもって、取り組んでほしいと思っていますし、将来は、あの、地震の実況中継みたいなものができるようになったらいいなと思っています（第1回放送、山田真澄さん）

そのイタリアの大学院というのは、世界中から学生が来る、だけど、世界中から先生も来るって言う話もさっき言いましたよね。で、六週間くらい滞在していくと。将来、ぼくたちがそれになれないかなっていうことを話してたんですよ。で、ま、年に一回修了式みたいなのがあって、そこにその、教員の先生方が世界中から、来られる人たちだけですけど、来て、修士論文の発表などを聴くセミナーがあるんですけど、二日間。そこで、同窓会みたいなことをできたらいいよね、って、そのとき言いました。なかなか壮大な夢だなあと思ってますけど（第10回放送、倉田真宏さん）

6章　ことばによる減災アクション

> 我々の研究室に、東アジアの各国からですね、中国、台湾、韓国から、あの、たくさん留学生が、あの、来てるんですけれども、あの、日本とよく気候条件であるとか、地形的な条件もそうですし、あの、社会的文化的、あの、住まい方っていうんですかね、そういったものも近いものがあると思うんですけれども、そういった国々と知恵を出し合いながら、切磋琢磨し合いながら、どうやってこう、水害と向き合っていこうかっていうようなことを、あの、目指していけたらなっていうふうに思います（第11回放送、川池健司さん）

> やっぱりですねえ、その、信頼のされる耐震工学というものをやっぱり実現したいと、信頼されるっていうことは、もっと身近な言葉でいうと、ま、自分の家族に対して、胸を張って要するに、紹介できる、技術であったり、社会というものを実現したいと。やっぱり土木というものは、人に資する学問であるわけですよね（第7回放送、高橋良和さん）

> この火山の観測っていうのは、自分たちのやってる世代だけで終わるものじゃないんですよ。火山っていうのは息が長くて、何千年、何万年のほんの、僕たちは一部しか見てないんです。ほんの、長い人で30年とか。ですんで、そういった研究っていうものはですね、次の、過去の人から我々引き継いで、その未来の世代に受け継がれて、やっとそれで生きてくる、研究してわかってくることも多いと思います。で、そういった、長ーい、長ーい、息の長ーい、研究のスタンスっていうのは、今の火山学に求められていまして、それがあの、今の日本の火山大国ですね、火山に魅せられて、火山を学ぶ、学びたい、やりたいっていう人がどんどんどんどん増えてくることを、私は望んでますね（第16回放送、中道治久さん）

紙幅の都合もありますので、5人の「夢」のことばをセレクトして、そのごく一部をここに並べてみました。肉声ではなく文字だけですから、高揚したホットなやり取り ── 番組の中では、いずれもクライマックスの部分にあたります ── を、そのままお届けできないのはもどかしいばかりです。ただし少なくとも、普段、専門家がシンポジウムなどで語っているときには出てこないようなことばが使われていることを、すぐに見てとることができるでしょう。

　一人目の山田真澄さんは、地震学の中でも、特に「緊急地震速報」を下支えしている、地震波解析を専門にしています。「地震（断層破壊の伝搬）の実況中継」という、わかりやすいイメージを例に出しながら、こうしたテクノロジーの進化に、もっと多くの人に関心をもってほしい、もっとみんなに「夢」を重ねてほしいということが語られています。

　二人目の倉田真宏さんは耐震工学（鋼構造）の専門家です。かつて憧れた、世界の頂点に立つ専門家のように、いつか自分もなってみたいという素朴な、本当に素直な「夢」が、ちょっと照れながらも語られています。これは、学生時代の歩みを丹念に語ったあとだからこそ表出されたことばだと言えるでしょう。番組のリスナーは、インタビュー中のエピソードを通じて、眼前の問題に必死で向き合いつづけ、きびしい鍛錬を経た上でしか「世界の頂点に立つ」ことはできないことを知っています。だから、この「夢」が、人として、あくなき挑戦を続ける不撓不屈の宣言であることに、こころを打たれたはずです。

　一方、三人目、都市の浸水予測などが専門の川池健司さんの「夢」には、「東アジアの中の日本」という、未来をまなざす立ち位置が示されていることが印象的です。国は違えど、同じような災害リスクに立ち向かう、切磋琢磨し合う者同士、ともに知恵を出し合おうと語っています。国境を越えても同じように「夢」を重ねていこうとする構えに、共感した人も多かったのではないかと思います。

　四人目、耐震工学が専門の高橋良和さんは、「信頼される耐震工学」をめざしたいという「夢」のキーフレーズを出したあとで、それはつまり、自分の家族に対して胸を張れることであると言いかえています。

実は、インタビューの中盤でも、安全な橋脚の構造を追究するということは、結局、自分の息子がその橋脚に載っていても安心できるのかどうか、そこをぎりぎりまで考えることだと述べていました。家族の無事を願うという地平は、当然、どんな専門家においても共有されている地平です。ただそれを、思いを込めたことばとして表出し、より多くの市民のこころに届ける取り組みは、これまであまりなされてこなかったのではないでしょうか。

最後に五人目の中道治久さん。火山学が専門で鹿児島県の桜島にある観測所に勤めている中道さんは、過去から現在、そして遠い未来まで科学の営みをつないでいくことを「夢」として語ってくださいました。「長い」ではなく、敢えて「長ーい」と表記したくなるほど、力を込めて、思いを込めて、まさに息の長い取り組みが求められている火山学の「未来」を展望しています。そしてやはり、自分が魅せられたのと同じように火山に魅せられる人が増えていくことを願っているのです。

3-5　当該実践の創造的なポテンシャル

では、本節を小括しておきましょう。しかしこの取り組みはまだ継続中ですので、あくまでポテンシャル ── 潜在能力 ── を示すことだけに留めておきます。

一つは、すでに見てきたように、「等身大のことば」として紡がれた「歩み」（過去）や「夢」（未来）は、多くの人同士 ── 専門家と非専門家など ── をオーバーラップさせたりシンクロさせたりする回路を開きます。そして「等身大のことば」は、容易に時空を超える ── 。

残念ながら、このラジオ放送は日本国内でしかオンエアしていませんが、おそらくどこの国の人が聞いても ── 日本語が理解できることが前提ですが ── 、思いを寄せることができる内容であったはずです。そして、たとえば若い学生さんが聞いたとすれば、自身のロールモデルとして身近に感じたかもしれない。たとえば年配の方が聞いたとすれば、若かりし自分と重ねて関心を抱いたかもしれない。「防

災・減災の専門家」という、顔の見えぬ、およそ接点のない遠い存在だった「他者」が、こうして徐々に、市民にとって近しい「話者」へとそのプレゼンスを変容させていったのではないでしょうか。逆に言えば、なんら実存的な意味を背負うこともない、乾いたことばを並べただけのインタビューだったとしたら、市民からすれば遠い存在だった「他者」── すなわち、専門家 ── は、より遠い、もはやどうでもよい存在になり果ててしまうこともあるでしょう。「ことばの創造力」は、本章2節で確認しておいたとおり、ネガティブにもポジティブにも作用するものですから。

　少しでも関係性の回路がつながったならば、そこに新たな「リスク・コミュニケーション」が発展する可能性が開けてきます。するとたとえば、専門家の抱く夢が、仮に独りよがりで暴走気味だった場合にも、それを引き戻してバランスする道筋が確保できるかもしれません。不確実というよりもハイリスクに過ぎぬテクノロジーに対して、「ちょっとおかしいのではないですか」「たしかに行き過ぎかもしれないねえ」といった、考えてみれば当たり前の「対話／会話」が成り立つようになるはずです。

　さて、加えてもう一つ、このインタビュー ── ことばの数々 ── は録音されて、後世に残されていきます。そこにも、ポテンシャルがあるはずです。市民は、科学者が「夢」として紡いだことばの行く末を眺望できる。その一方で、今回出演した専門家も、自身が紡いだことばを、もう一度、将来どこかで聞くことになるかもしれません。10年後の自分は、このインタビューをどう聞くだろうか。20年後の自分は、どうだろうか。ひとつの可能性として、こうした「ことばのタイムカプセル」は、「未来の他者」── すなわちここでは「未来の自分」のことが含まれています ── に宛てた贈り物になるかもしれません。新進気鋭の専門家たちが自身のことばによって今後どのように規定されていくのか、紡がれたことばたちは、実際に何を創造していくことになるのか。それを見届けることができるのは、わたしたちがまだ見ぬ、しかしそれはすでにわたしたちにとって共有されはじめた「具体的な未来／みんなの未来」の地平においてなのです。

4 「KOBE虹会」におけることば

　前節では、「過去」と「未来」、それぞれの「時間」において、専門家と非専門家のことばを交絡させてみるアプローチに着目して、「ことばの創造力」を確かめてみました。本節では、今度は特に「現在」という「時間」にこだわって、同様に、「ことばの創造力」を確かめてみたいと思います。

　次に紹介するのは、兵庫県神戸市を拠点として2006年に発足し、すでに9年以上にわたって活動を行なってきた、防災・減災に関する、ある「場」づくりの取り組みです。もう少し説明を加えておくと、防災・減災に興味や関心を抱いている人たち、すでに何か取り組みをはじめている人たち、仕事や学業で災害に向き合っている人たちなどが「交流する場」づくりです。敢えて他の取り組みとコントラストをつけるために補注しておきますと、これは「勉強会」や「学習会」、「研修会」などではない、というところがミソだと思います。筆者は、この会の主宰者のひとりで、ずっと事務局を担当してきました。

4-1　溶け合うことば

　ひとつの場に人びとが集まり、ことばを交わすとき、同じことばであっても、最初はそこに込められている意図や思いが通じない、ミスマッチが生じる、誤解されてしまうときがあります。たとえば、これから本節で詳しく紹介する「KOBE虹会」という会のなまえの中に含まれている「KOBE」ということばも、きっとそうしたギャップをはらんだ代表例／典型例なのではないかと思います。

　この「KOBE」ということばは、単に「神戸」という地名のローマ字表記ということではけっしてなくて、阪神・淡路大震災をめぐる経験の「総体」── すべて、まるごと、ということです ── 、そのシンボルとしての神戸の地、といったニュアンスがあります。だから、大阪や尼崎・西宮・芦屋や、淡路島や明石などを排除しようといった意図はさらさらなくて、逆に、あのとき、被災地の中心にいた人もそうでない人も、被害を受けた人もそうでない人も、支援などの理由で

外から中に入った人も、避難などの理由で外に出た人も、すべて含めて、ともに一緒に考えていこうという思い ── 「願い」ともいえます ── が込められています。もちろん、震災が起きたときに大人だった人も、子どもだった人も、まだ生まれていなかった人も、そして、お亡くなりになった人さえも、その存在は、みんな含めています。「KOBE」にかかわりがある限りにおいて、皆一緒です。

　「KOBE」ということばを口に出すとき、しかしやはり、それぞれの立場やそれぞれの経験によって、どうしてもその思いにずれが生じてしまいます。でも、そこが大事です。そのずれをまずは認めていこうというのが、「KOBE 虹会」のスタンスのひとつです。阪神・淡路大震災で住宅に被害を受けた人とそうでない人では、経験に大きな違いがあります。避難所で生活したかどうかでも、認識に差が生じてしまいます。まして、肉親を失ったかどうかでは、越えられないほどの意識の壁があるに違いありません。震度7の揺れを経験したか否かも、大いなる違いだとして意識されがちです。また、ビジネスパーソンなのか、行政職員なのか、NPOに所属しているのか、報道従事者なのか、大学教員なのか、学生なのか、地域の防災組織で活動している人なのか、そのいずれでもないのか、そして、性別や年齢など、属性の違いによっても、ことばの背後にあるリアリティは異なるはずです。微視的に見ていけば、もう千差万別、多種多様で、だれひとり同じ人などいないのかもしれません。

　そうした認識をまずもった上で、しかしわたしたちは、「防災・減災について、この機会にちょっと考えてみようかな」と、同じように「思う」ことができます。このとき、「考えようと思う」その「対象」に関しては、ある程度の一致をみていると言ってもよいのではないか。であるならば、少なくとも、今ここで、同じ「場」に集えたことは「思いの一致」のひとつの体現なのであって、少し大袈裟に聞こえるかもしれませんが、これは言祝ぐべき「奇跡」であると言えるはずです。

　さて、そうした「場」において、ともに時間をすごし、語らい、しかもお酒など飲みながらわいわい騒ぐ、そんなことを繰り返していると、ことばに「化学反応」が起きてくる。たとえば、次第にことばの

リアリティが重なっていく、シンクロしていくときがあります。「ああ、そうそう、それそれ！」「あれ、奇遇ですね、自分が言いたかったのは、そういうことなんですよ」「なんか、以前にも言ったかもしれないけど／いや、それ言ったのは、きみじゃなくおれだよ」、など……。そこからはもう、ことばを尽くして説明しなくても、互いにわかってしまう。言う前から、わかってしまっているということが起きます。また、たとえば、相手が頻繁に使っていたことば ── 口癖とか決まりフレーズとか ── が、知らぬ間に自分の中に入り込んできていて、自分にとってなじみの深いことばに成り替わっているときがあります。いわば、ことばが伝染してしまったような現象です。こうしたことばの「化学反応」は、もちろん、そのわずかな違いが激烈な分断／反目を引き起こすときもあるけれども、どちらかといえば、響き合い、さらには「溶け合う」方向に進んでいきます。それは、まったく単一・同一のものに併合／合成されるということではなしに、ひとつのことばの器の中にうまく調合されブレンドされて「味わい深くなる」というイメージです。時が経つと、熟成さえしていく。ことばが、芳醇になる。そして、「ことばの創造力」が豊かになっていくのです。

　少し先走り過ぎたかもしれません。このような見通しをもちながら、「KOBE虹会」の取り組みの具体をみていきたいと思います。

4-2　現在の交絡 ── あるいは、他者との交歓

　「KOBE虹会」は、筆者と、京都大学防災研究所の矢守克也教授 ── 本書の企画者・編著者 ── が、2006年に神戸で結成しました。いや、「結成」というのも大仰すぎる表現で、イタリア料理店で千円のパスタランチを食べながら、「なんか、集まりたいねえ」とつぶやきあい、そのことばに突き動かされてきたというのが実態です。以降、2ヵ月に1回くらいの頻度で、ゆるゆると、たまに知り合いに声をかける程度のアクションのみで、集まりの「場」づくりを続けてきました（写真6-5）。

　2015年7月までに、合計50回行われました（表6-2）。ここまで続

図 6-5　KOBE 虹会の様子（第 49 回）

いたことは、正直いって驚く以外ほかないのですが、しかしそこにはやはり、何かわけがあったように感じます。少しずつ解きほぐしていきましょう。

「KOBE 虹会」の「場」の第 1 部は、たいてい夜 7 時から貸し会議室などではじめて、夜 9 時くらいにいったん終了します。集まる人数は、10 数名から、多くて 20 数名。当初は、数名しかいないこともしばしばでした。「KOBE 虹会（こうべにじかい）」というなまえをふまえて、この第 1 部の「場」を「二次会（にじかい）」と呼び、したがって、このあと開かれる酒宴の席 —— 通常は、定番の焼き鳥屋さんで実施します —— は、「三次会（さんじかい）」と呼び慣わしています。はじめて参加する人は、まずこのことばに戸惑います。「にじかい」の「場」をクローズした後に、「じゃあ、このあと三次会に行きましょう！」との声かけがはじまると、「え、一次会の宴さえ開いていないのに？」というユーモラスなやり取りを繰り広げることになります。ちなみに三次会は、終電もしくは閉店まで続きます。

メンバーの属性はまさにばらばらで、行政／企業／ NPO ／メディア／大学というカテゴリーは、すべて網羅しています。特徴的なのは、全体の半分近くが若者 —— 大学生が多い —— であること、そして、全体の半分近くが女性であることでしょう。防災関連の研修会な

6 章　ことばによる減災アクション

表6-2 「KOBE虹会」の開催日とテーマ一覧

日付	回数	内容
2006年 6月15日	第0回	準備検討会
2006年 7月11日	第1回	情報交換会
2006年 8月21日	第2回	話題提供①『生活防災を考える』 話題提供②『11月の防災イベントについて』
2006年10月18日	第3回	話題提供①『災害ボランティアの今』 話題提供②『キャンペーンちょこぼうのアイデア』
2006年12月29日	第4回	話題提供『舞子高校環境防災科の実践から』
2007年 2月15日	第5回	話題提供『学習指導要領に即した防災教育』
2007年 3月22日	第6回	話題提供『震災メッセージからの学び』
2007年 5月22日	第7回	話題提供『能登半島ボランティア報告』
2007年 7月 9日	第8回	話題提供『阪神・淡路大震災から何を学ぶか』
2007年 9月 5日	第9回	話題提供『加古川グリーンシティ防災会の取り組み』
2007年10月22日	第10回	話題提供『ウィーンで考えていること』
2007年12月28日	第11回	話題提供『震災の語り部さんたち』
2008年 2月25日	第12回	話題提供『震災13年 最近おもうこと』
2008年 4月 3日	第13回	話題提供『プラスアーツの取り組み』
2008年 5月12日	第14回	話題提供『安全と安心について』
2008年 8月25日	第15回	話題提供『SIDE ネパール帰国報告』
2008年10月 9日	第16回	話題提供『震災・防災とわたしの関わり』
2008年12月15日	第17回	話題提供『防災の取り組みを広げるには』
2009年2月13日	第18回	話題提供『地域の防災活動を通して考えていること』
2009年 4月 9日	第19回	話題提供『津波災害 世界の復興に学ぶ』
2009年 6月14日	第20回	語り部グループ1995のみなさんとのコラボレーション 話題提供『いまここから始まる防災』
2009年 8月29日	第21回	話題提供『四川そしてネパールからの学び』
2010年 2月 4日	第22回	阪神・淡路大震災15年の1月17日をどのように過ごしましたか、それぞれの報告
2010年 4月26日	第23回	NVNADの皆さんとのコラボレーション
2010年 5月25日	第24回	話題提供『四川大地震の被災地における学校支援・心理支援』
2010年 8月 2日	第25回	話題提供『奥尻島17年 教訓と課題』
2010年 9月21日	第26回	話題提供①『ベトナムで取り組みたいこと』 話題提供②『災害体験者の手記を分析する』
2010年12月15日	第27回	話題提供①『防災を考える』 話題提供②『クロスロード星和台版』
2011年 6月30日	第28回	東日本大震災情報交換会

日付	回数	内容
2011年10月 5日	第29回	話題提供① 『岩手県野田村と神戸をつなぐ取り組み』 話題提供② 『仙台と神戸をつなぐ取り組み』
2011年12月21日	第30回	話題提供『環境防災科 10 年の歩みと学び』
2012年 2月 2日	第31回	話題提供① 『防災活動の中で疑問に思うこと』 話題提供② 『クロスロード星和台版の最新情報』
2012年 4月19日	第32回	話題提供『震災と家族』
2012年 6月20日	第33回	話題提供『新潟中越の被災地で学んだこと』
2012年 8月27日	第34回	話題提供① 『エルサルバドルの BOSAI の取り組み』 話題提供② 『サマーナイトの取り組み』
2012年11月 1日	第35回	話題提供① 『シン・チャオ ベトナムの BOSAI の取り組み』 話題提供② 『台湾の"明星災区"に関して』
2012年12月 6日	第36回	話題提供① 『京都市深草地区における地域防災の取り組み』 話題提供② 『高知県四万十町興津地区における津波避難の取り組み』
2013年 2月 6日	第37回	話題提供『いわて GINGA-NET の活動を通して考えたこと』
2013年 4月 8日	第38回	話題提供① 『神戸消防の取り組みを通して考えたこと』 話題提供② 『会社での取り組みを通して考えたこと』
2013年 5月22日	第39回	話題提供① 『防災教育の現場から』 話題提供② 『岩手県野田村で感じたこと考えたこと』
2013年 7月24日	第40回	話題提供① 『芦屋市の取り組みを通して考えたこと』 話題提供② 『JICA の取り組みを通して考えたこと』
2013年10月 3日	第41回	話題提供『障がい者は明るい』 話題提供『クロスロードの取り組み』
2014年 3月24日	第42回	話題提供『虹に向かって一歩一歩』
2014年 5月26日	第43回	話題提供『京丹波町ケーブルテレビジョンの取り組み』
2014年 7月31日	第44回	語り部グループ 1995 のみなさんとのコラボレーション
2014年 9月29日	第45回	語り部グループ 1995 のみなさんとのコラボレーション
2014年11月20日	第46回	話題提供① 『防災を考え直す』 話題提供② 『わたしと防災のかかわり』
2015年 1月26日	第47回	阪神・淡路大震災 20 年の 1 月 17 日をどのように過ごしましたか、それぞれの報告
2015年 3月25日	第48回	東日本大震災 4 年をどのように過ごしましたか、それぞれの報告
2015年 5月28日	第49回	話題提供① 『防災・減災のありかたを考え直す』 話題提供② 『復興支援ボランティアを引率して考えたこと』
2015年 7月30日	第50回	語り合い 50 回記念 ～ 20 年前、10 年前、いま、そして 10 年後～

どに顔を出すと、ご年配の方、しかも男性で埋め尽くされているさまをよく見かけますが、それと比較した場合に、「KOBE 虹会」は、男女比、年齢構成比が完全に逆転しているときもあります。

　さて、ここまで書き進めてみると、読者は単なる懇親会のように感じてしまうことでしょうから、そもそもこの「場」では、いったい何をしているのか説明していきたいと思います。「にじかい」のほうに関して端的にまとめますと、よくある時間構成は、まず、参加者全員の自己紹介と近況報告、次に、話題提供者1～2名からの「実践報告」、そして残りの時間はすべてフリーディスカッション、という流れです。

　実践報告の中身は、再び表6-2をご参照いただきたいのですが、一方的な講義というものではなくて、また、最新情報の提供や解決策・処方箋の提案といったもの（だけ）でもありません。そこで志向されていることは、「防災・減災・災害復興の分野において、今○○をしながら、○○を考えている」という、心情の発露です。考察や総括ではなく、疑問とか迷いとか葛藤とか、そうした素朴な思いを吐露します。だから、まずもって自身に問いかけている、自分に向かってことばを紡いでいる人も多いように思えます。

　参加者は、持ち回りで話題提供者になりますので、誰かが教える側で、誰かが教わる側といった、固定化した関係性があるわけではありません。このような枠組みは、当初から意図的に設計したわけではないのですが、フラットな関係性を皆がこの「場」に求めていたことを思い知らされる機会がありました。それは、たまたま参加者の人数が多くなった回での出来事です。普段は、みんなの顔が見えるということもあって、会場内は「ロ」の字型にテーブルと椅子を並べていました。しかしこれですと、20名を超えると、「ロ」が大きくなり過ぎてしまいます。そこで、あるとき早目に会場に着いたわたしが、講義形式の状態にテーブルと椅子を並べてスタンバイしてみました。すると、後から到着した大勢のメンバーからブーイングが巻き起こったのです。「ええ？　きょうはロの字じゃないの？」「なんか、不自然」「やっぱり、こういうんじゃないんだよね」「ロの字に並べ替えようよ」……。結局、大きくて不細工な「ロ」をつくる羽目になったわけですが、し

かし「場」の雰囲気としては、「それでもいいんだ」「虹会はこれでなきゃ」といった空気に満ちあふれていました。つまり、「KOBE 虹会」のメンバーは、誰もがいつも「横並び」なのです。事務局はあるけれども、リーダーはいません。

　よくよく考えてみると、リーダーは不要とさえ言えます。「KOBE 虹会」では、「場」に参加する以外の共通したアクションをとりませんので、何か目標を立て、それを成し遂げるといったことは一切していません。何かをするときには ── それこそ、防災の実践など ── 、集まったメンバーの任意の組み合わせでご随意にどうぞ、といった感じです。9年間も継続しているグループなのに、「KOBE 虹会として、協力して◯◯する」という構えが一切ありませんでした。ふしぎなような気もしますが、ふり返るとそれがいちばん自然だったと思えるのです。

　さて、ひとつ、「KOBE 虹会」の第1部の様子を素描してみましょう。第49回の場面です。この回の話題提供者は、「うさぎ年うまれ」のふたりで、30歳前後の若手社会人の男女ペアです。彼／彼女からみて、防災・減災の取り組みや被災地支援って、結局どういうことなんだろう、そして、自身からみた次の若手世代 ── ふたりのイメージでは、20歳前後、現役の大学生くらい ── に、何がどこまで伝わっているのだろう、そんな「現在」の疑問を中心に話を展開してくれました。

　最初のひとりは、「二次未来」というキーワードを出しながら、百年以上先の未来に、防災・減災の取り組みが持続していくためにはどうしたらいいのか、そんな壮大な、しかしきわめて本質的な疑問を提示してくれました。この疑問が生まれた背景には、いま現在の防災・減災の取り組みを垣間見ていると、それなりに活況を呈しているようにみえて、結局は「防災が商品化されている」きらいがあるというのです。防災・減災の裾野を広げるためには、暮らしの中に根差した「生活防災」が求められます。しかし、自分よりも若い世代にこの「生活防災」を伝えようとすると、どうしても興味・関心を惹くことが優先されてしまい、「商品としての防災」というドライブに加担してし

まいかねません。その結果、防災・減災の取り組みを、賞味期限の短い、その場限りのものに縮減してしまうおそれがあるというのです。この話題提供に関しては、年配のメンバーやビジネスパーソンのメンバーから、「たしかにそうだねえ」「痛いところを突かれました」と共感する声が挙がり、「その問題意識をふまえた先にどういうやりくちがあるのだろうか」と、一緒に展望を切り開こうとする声なども寄せられました。

　ふたり目の話題提供は、東日本大震災の被災地支援に学生ボランティアを引き連れていった経験をふまえて、若い世代 ── 30歳前後ゾーン ── がとらえた、さらに若い世代 ── 20歳前後ゾーン ── の「ゆゆしき傾向」という内容でした。たくさんの印象的なフレーズを紹介してくれたのですが、筆者が特にユニークだと感じたのは、「なんなん？」と「なんで？」ということばに伏在しているギャップです。いずれも、関西弁のイントネーションとニュアンスで語られていますので、本書の読者が文字を読む限りにおいて、すぐに腑に落ちていただけるか心許ないのですが ── ちなみに筆者は、関西弁ネイティブではありません ── 、少しことばを補って説明してみたいと思います。まず、「なんなん？」ということばですが、これには、ニアリーイコール、「これはだめだ／いやだ」という、強い否定の意図が込められているようです。このことばが大学生くらいの若者層のあいだで前景に出てきたのは、たとえば次のような場面だったそうです。内陸の支援拠点と沿岸の被災現場が離れていてバス移動がたいへんだった（すなわち、効率が悪いぞという不満）、がれきがすでに片づけられていて、支援メニューは別の地味な内容になった（すなわち、だったら居てもしょうがないじゃんという不満）、入った現場がテレビに出てくるような有名な被災地ではなかった（すなわち、思っていたイメージと違うぞという不満）……。話題提供者の分析によれば、これらはすべて「自分目線／自己中心」であり、自分が勝手に描いていた目的にとらわれていて、相手を見ていない、被災者を見ていない、もっと言うと「成果／手柄」だけを求める言動だということになります。そこで、この事態に対して話題提供者は、「なんで？」 ── この際の発声

のしかたは、ごくやわらかなものです ── ということばを対極に置いて自分の思いを語ってくれました。この「なんで？」ということばには、「そこにはどういう事情があるのですか？」という、事態の本質に向かおうとする能動的な働きかけのスタンスがセットされています。否定ではなくて、肯定に向かうための模索のプロセスだというわけです。このことば、「なんで？」を上手に使うことによって、もっと「視野を広げて」、もっと「仲間になろう」、そういう投げかけをして、話が締めくくられました。「KOBE 虹会」のメンバーからは、「なんなん？」ということばが出てきてしまった現場の事情にも、もっと慎重に配慮し受けとめる余地 ── すなわち、「なんなん？」をすぐに「なんなん？」で返さないための余裕 ── が必要なのではないかといった声や、たしかに成果主義／業績主義に陥って眼前の成功ばかりに気をとられている場面が散見されるといった共感の声、そして、ならばもっと「無根拠性」── やむにやまれず、とるものもとらず、といった思い ── を賦活することも大事なのではないかといった深い示唆などもありました。

　いま「現在」において抱いている心情を皆で吐露し合う、いわば「止まり木」のような「場」の形成……。これが、意図的に「現在」を交絡させる取り組みの一端です。その雰囲気が、読者のみなさんに少しでも伝わりましたでしょうか。なお、以上はあくまで「KOBE 虹会」の第１部の素描であって、第２部 ── 焼き鳥屋さんバージョン ── の魅力／魅惑は、割愛します。第２部（さんじかい）は、近くに座った人同士のランダムトークで、笑い声の絶えない「交歓」の場であることはまず間違いないということだけ、ここでは指摘しておきたいと思います。

4-3　当該実践の創造的なポテンシャル

　「KOBE 虹会」の取り組みに関して、小括しましょう。フラットな「横並び」の関係性を前提としてことばを溶け合わせていく実践には、他者のことばを通して自己を創造し直していくことができるポテンシャルがあると言えます。これは、「知見」やら「要諦」やら「情報」

やら、そういった「お得なものをゲットする」行為とは、一線を画しています。ことばを溶け合わせていくこと、これこそが、ひとが人として「考える」ということの本質でありましょう。日本語の古語において、「考える」とは、「かみがふ」、すなわち、「か・身・交ふ」です。「か」は、接頭語です。「身・交ふ」は、身体を交絡させること。ごく簡単に言えば、他者と交流することです。他者と交わることによって —— ただもちろん、多くの場合、ことばを媒介として ——、わたしたちは自己を更新していくのです。1章の2-2節（13ページ）において、「コミュニケーション」とは、原義に照らせば、「コミュ（共同性）」をつくることだとの指摘がありました。「コミュ（共同性）」の中で、わたしたちは、ようやく真に「か・身・交ふ」ことができるのです。これは、英語の世界でも同じです。能楽者の安田登さんの視点を加えるならば、こうなります。他者の魂が自己の魂と交わり、自己を内的に揺さぶること、これが、「inspire」（in·spirit）、つまり「ひらめく」ということです。このとき自己は、他者と自己の「あわい」にある。

　さて、ここまで来てようやく、「KOBE 虹会」の「虹」ということばを説明する準備が整いました。なぜ、このなまえがついているのか。「KOBE 虹会」のメンバーにとって、「虹」とは「理想の防災」のことです。みんなのいのちを救い守り、そして支えることのできる「究極の防災」。しかしそれは、けっして手に届くものではありません。見据えているのに、けっして到達することのできないもの、それが、「虹」です。今わたしたちは「横並び」で、それを謙虚な思いで眺めています。そして互いを思いやり、ビジョンを重ねながら、少しずつ「虹」に向かって歩んでいく。絶対の正解なんて、見つかることはないでしょう。それでもたゆまず努力を重ねていく。そんな生き様 —— 過去・現在・未来などの「時間」が埋め込まれています —— が共有された「コミュ（共同性）」を構築していくことこそが、減災アクションの真なるステップだと言えるのです。

　それは単なる「きれいごと」であって、単なる「仲良しクラブ」に過ぎないと、シニカルに揶揄する人もいるでしょう。たしかにそういう一面があるかもしれません。でも、だからこそ、「虹」の存在は、

きわめて重要になってきます。集まった仲間には、「虹」がくっきりはっきり見えている必要があります。その共通認識があってはじめて、わたしたちは「虹」をまなざす、かけがえのない「場」に居つづけようとするわけです。いのちをめぐる問題群を扱う「防災」の分野には、だから、「本場・本物・本気」のエッセンスを欠くことはできません。ことばによる減災アクションとは、単にことばを伝達し合うという行為にとどまらない、「魂の共振／生の創造」とさえ言い得る本源的な営みなのです。

5　ことばの世界を超えて

　「ことばの創造力」というモチーフを導入して、「ことばによって規定する／される減災アクション」の実例をみてきました。本章の最後に、「減災学」の考察を深めるために、そして、次章に架橋するために、一つだけ楔(くさび)を打っておきたいと思います。

　それは、平たく言えば、ことばにならないことも大事だということです。ことばの重要性を徹底的に認めながらも、しかしそれでも、豊穣であるはずのリアリティがそこから逃げ去ってしまうことがある点も認めざるをえない。「ことばによって規定する／される減災アクション」は、ことばの限界にも配視する、自覚的・意図的なアクションであるべきでしょう。研究者や行政やメディアの中で流通する理路整然としたことばだけが、ことばの世界のすべてではありません。人びとを交絡させる回路を切り開くのは、詩的なことばや、音楽や絵画のような芸術的なもののほうが向いているかもしれない。「生の交歓」を駆動するものは、もっと別の何かなのかもしれません。だから「減災学」の可能性を、ことばによって狭く閉じないようにしていかなければならない。ことばをめぐる筆者らの挑戦は、まだ、はじまったばかりです。

7章　減災学がめざすもの

宮本　匠

1　防災と減災

　本章では、ここまでの減災学をめぐるフロンティアの実践のまとめとして、減災学にとって大切だと思われる思想や課題について考えていきたいと思います。はじめに、1章でも取り上げられた減災という言葉を、あらためてもう一度考えてみたいと思います。防災という言葉に代わって、減災が用いられはじめた時期については諸説あるようですが、少なくとも一般的なものとなったのは、阪神・淡路大震災より後のことのようです。

　では、防災と減災にはどのような違いがあるのでしょうか。通り一遍の説明としてよく耳にするのは、「災害の被害を完全に『防ぐ』ことはできないが、被害をできるだけ『減らす』ことはできる」ことから、防災ではなく減災という言葉が用いられるようになった、というものです。読者のみなさんも一度はこのような言い回しを耳にされたことがあるのではないでしょうか。この説明は間違ってはいないのでしょうが、さすがに防災という用語を使っていた人たちが「災害は完全に防ぐことができる」と考えていたわけではないでしょう（そのように考えていた節が見受けられることはありますが）。

　もう一歩、進めた説明として、防災や減災を災害サイクルというプロセスの中に位置づけるものがあります。「事前の防災」という言い方があるように、防災はどちらかというと災害より前にとられる対策を意味していました。それに対して、災害より前のことだけでなく、たとえば災害直後の救急救命においても、あるいは長期的な復興過程においても、災害を起因とした犠牲者を減らす対策は可能なはずで、それら災害の事前、事後を含んだ災害プロセス全体において被害を減らそうという考え方が減災にはあるのだという向きです（図7-1）。

　それでは、事前の防災を、災害プロセス全体に展開したときに得られるのが減災である、という説明で十分でしょうか。どうも、それ・だけでもない気がします。たとえば、「トップダウンからボトムアップへ」「ハードウェア中心からハードとソフトの融合へ」「自然との共生」といったよく耳にする掛け声も、減災には無縁ではなさそうです。

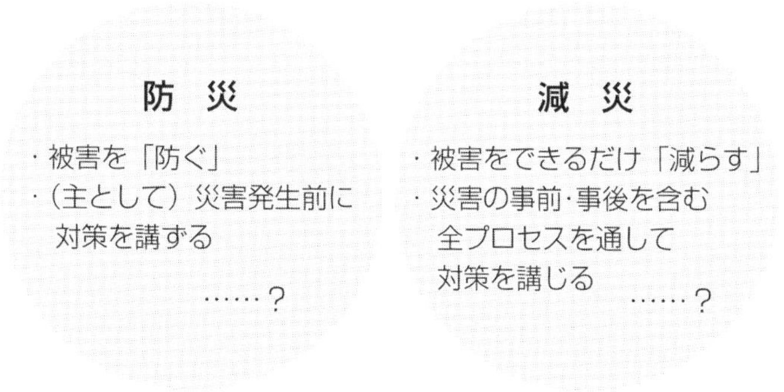

防　災

・被害を「防ぐ」
・（主として）災害発生前に
　対策を講ずる
　　　　　……？

減　災

・被害をできるだけ「減らす」
・災害の事前・事後を含む
　全プロセスを通して
　対策を講じる
　　　　　……？

図7-1　「防災」と「減災」の違いとは？

こうなってくると、そもそも減災を明確に定義づけるべきなのかという疑念さえわいてきます。1章では、プラスチックワードという概念を用いて、減災にまつわるさまざまな言葉を再検討してきました。プラスチックワードとは、言葉を用いている本人がその意味を十分に理解していないにもかかわらず、その新奇性のオーラによって、人びとをどこか納得させてしまう言葉でした。しかし、そもそもどうして減災の周辺には、このようなプラスチックワードが量産され、人びとがそれを積極的に用いて議論してしまうのでしょうか。そこには、実は、未だ言語化可能ではないものの、切実な問いとして感じられる何らかの現象があり、何とかそれに曖昧な形であれ言語を与えることによって、それについてともに考え、運動を展開する仲間を増やしたいという思いもあったのではないでしょうか。言葉のニュアンスだけで事態の複雑さを片づけてしまうことは問題なのですが、同時に、そんな曖昧な言葉を用いざるをえないなかで、現場に身を置きながら、何とか言葉を用いてその新しい問題を訴えようとした原初的な衝動を私は救い出したい気がするのです。

　たしかに、プラスチックワードを連呼しただけで思考停止に陥ってしまうのはたいへん問題です。ですから、1章以降、私たちはその思考停止の結果生まれてしまった、減災を支えている当たり前群を具体的な事例をひもときながら検証してきました。ここで私たちがとろう

としているアプローチは、プラスチックワードにまみれ、それ自身も曖昧な概念として残されている減災について、明確な定義を与えることで事態を進めようとしているのではありません。むしろ、その曖昧さを積極的に維持さえしながら、減災にはこのような考え方もあるのではないだろうかというもうひとつの減災を、積極的に現場から言語化しつづけようという方法です。プラスチックワードの問題の本質は、その言葉があることによる思考停止でした。ならば、その言葉があることによって、人びとが問いを喚起しつづけることができ、それに意味を与えるような運動を展開しつづける契機になる言葉として、これらのプラスチックワードを保持すれば、思考停止に陥ることなく、同時に、未だ私たちが言語化しきれないものの大切な問いとして切実に感じられる問題を考えつづけることができるのではないでしょうか。多くの人がそれに多様な意味を与えて議論しているような言葉は、むしろ多様であることをそのままに用いつづけることに意味があることがあると思うのです。本書で提案する減災学においては、その学の対象である「減災」自体を、一人ひとりが問いつづける学問として、減災学を考えたいのです。

2 孤独死が問いかけたもの

　それでは、減災という言葉でもって私が問いたいこと、考えたいことを、はじめに結論から述べてしまいたいと思います。減災がめざすものは、災害直後の生き死にを対象とするだけではない生き生きと充実した生の実現であること、そのような生の実現には、まずは主体性の獲得が大切であること、そして主体性の獲得には、互いをかけがえのない存在として認め合うような双方向な関係が大切であるということ、これが私の結論です。順に説明していきます。

　阪神・淡路大震災以降のさまざまな出来事のなかで、私たちが繰り返し立ち返って考えなければならないもののひとつに、「孤独死」の問題があります。阪神・淡路大震災では、生活再建の道のりの中で、元のコミュニティにおけるつながりが断たれたことが大きな問題とな

りました。仮設住宅への入居に際して、元のコミュニティを維持するのではなく、高齢者や障害者を優先的に入居させたことも一因となりました。

　この孤独死についても、通り一遍の説明があります。「阪神・淡路大震災では、生活再建にあたり、元のコミュニティが断ち切られた被災者が続出した。それらの人びとの中には、独居生活で、亡くなって何週間も、何ヵ月も発見されないような孤独死の問題があった」というようなものです。このような説明は間違いではありません。しかし、この言葉の表層だけをとらえて、孤独死の問題をとらえてしまうと、事の本質を見誤ることになります。

　孤独死の問題については、医療者としてこの問題に向き合われた額田勲さんが、『孤独死』という本の中で、自らの活動の中から克明なレポートを書かれています。額田さんは、孤独死が、高齢化社会において激増する独居老人が経済的な条件とは別に一人静かに亡くなる「独居死」とは異なるのだと主張します。孤独死とは、劣悪な仮設住宅等の「住環境」、さらに「孤立」「低所得」「慢性疾患」などが複雑に絡み合う社会性を帯びた自死および病死だというのです。失職などをきっかけに、家庭内不和となり、行き場のない感情をごまかそうとアルコールに浸るようになり、衰弱していく。そんな日々の中で、自分はいったい何のために生きているのか、生きているのが面倒だという気持ちになる。額田さんは、この本の中で、「被災地の仮設住宅の住民は、しばしばわけのわからない死に方をする」という激烈な言葉を残しています。この言葉は、結果的には病死や事故死に見えても、そこには生への絶望があったような死がしばしばあったということです。孤独死を、額田さんは「緩慢な自死」とも呼んでいます。孤独死の問題の本質は、けっして独りで亡くなったことにあるのではありません。独りで亡くなっても、何週間も、何ヵ月も発見されないぐらいに、その人の生が孤独であったということ、その人の生が、生き生きと充実したものでなかったことが問題だったのです。

　さらに、独りで亡くなることに私たちがいだくやりきれなさには、人間の人間たる本性もかかわっています。人間は、自分が生まれる瞬

7章　減災学がめざすもの

間と、死にゆく瞬間を見届けることができません。なぜ私がそこに存在しているのか、私がそこに存在していた意味は何だったのかという始まりと終わりについて、他者に委ねるしかないのが人間という存在です。その意味で、人間は根源的に他者との関係にひらかれた関係的な存在であるといえます。だからこそ、私たちは孤独死という問題に、独りで亡くなられたこと、それほど孤独な生を送っていたことに、人間らしさを損なわれているのではないかというこれ以上ない尊厳の傷つけられ方を感じとるのです。このことは、逆に考えてみると、人間の人間たる本性が関係的なものであるのだとすれば、その生の充溢もまた何らかの関係の中でしかありえないのではないかという類推を誘いますが、この点については、もう少しあとで立ち戻って考えたいと思います。

　孤独死の問題は、それまでの防災が災害による被害を防ぐ事前の取り組みを促していたのに対し、それだけではない、たとえ未曾有の災害を生き延びたとしても、せっかく助かった生が無残に失われてしまう事態があるのだということを私たちに突きつけました。そして、災害対応や防災の取り組みが、災害時によるのだけではない、平時の社会全体の問題として考えなければならないものだと、私たちの視野を広げました。事前の取り組みだけでない、災害サイクル全体に及ぶ減災という考え方にいたったのも、孤独死の問題があったことが大きかったと思います。これらは、災害直後の生き死にだけではない、その人がどのように生きているのかという生にも着目しようということです。そう考えると、私は、孤独死の問題が、減災の原点でさえあるのではないかと思います。いま、そう強調したいのには訳があります。それは東日本大震災後の防災／減災をめぐるトレンドが、阪神・淡路大震災以来のトレンドを大きく揺さぶり戻す傾向をもっているように感じるからです。

3　減災の主体

　東日本大震災では、津波によって多くの死者、行方不明者がでまし

た。津波は一瞬にして人命も、家屋も、風景も何もかもを流し去りました。巨大災害からかけがえのないものを守ろうと、東日本大震災の後、津波防災が積極的に進められています。もちろん、予想だにしないような巨大な津波が私たちの地域を襲うことを想像すること、それに対する備えをすることが重要なのは間違いありません。問題は、そのような取り組みが、津波被災直後の命をどう守るかという点に収斂され、それが私たちの総体としての生や生活の中で、どのような意味合いをもっているのかということが、ときに視野の外に追いやられることにあります。

「3.11」ならぬ、「3.31」という言葉があるのをご存じでしょうか。これは、東日本大震災を受けて、大幅に見直しがなされた南海トラフによって引き起こされる津波についての新しい想定が出された2012年3月31日を象徴的に呼びあらわす呼称だそうです。高知県黒潮町では34メートルという従来の想定をはるかに超える巨大津波の想定が公表されました。この新想定は、従来の想定に加え、東日本大震災のように千年に一度というような、「発生頻度はきわめて低いものの、甚大な被害をもたらす最大クラス津波」を想定したものでした。あくまで、千年に一度という条件で計算したものを加えただけなのですが、この新想定はセンセーショナルな数字がひとり歩きしてしまい、「ほんとに津波が来たら、わしも家も流されるなあ」といった「絶望・諦め」の態度、「子どもの頃から大地震がくるくると言われていて来ていない。なるようになるだろう」といった「油断・慢心」の態度、「想定にはどうせかなわない。もうお手上げだ。専門家のみなさん、お願いします」といった「依存・お任せ」の態度を生んでしまっていることは、2章で指摘されたとおりです。前述の黒潮町では、そんな巨大な津波が来るのなら、その前にこの地を離れようという「震前過疎」とまで呼ばれる現象も起きはじめているといいます。

ここで問題となっていることは何でしょうか。新想定を出した専門家としては、東日本大震災による未曾有の被害について、「想定外」と声高に叫ばれたことに対して、想定外を想定しようと、その責任を果たした結果が新想定だったはずです。その意図するところは、もち

ろん新しい想定によって、より多くの命が守られるような対策がなされるようにという点にあったはずです。それが、かえって避難を諦めてしまったり、その土地で生きることへの閉塞感を感じさせてしまっているのだとすれば、新想定をめぐるやり取りの中で、何か本質的な事がらが見過ごされているのではないかと考えざるをえません。それは何か。私は、新想定をめぐる問題の本質は、それが意図せざる結果として、人びとの主体性を奪っていることにあると思います。

　減災において、もっとも大切なことは、その取り組みにおいて、一人ひとりが当事者として問題にかかわる主体として存在できているのかどうかです。この本で繰り返し問うてきたことも、詰まるところは、減災の主体の問題です。たとえば、1章の中で一つ目に再考すべきプラスチックワードとして取り上げられた「アウトリーチ」についても、私たちにとって何がリスクになるのかを考える主体が専門家のみならず、専門家と非専門家が共に考え、伝えることが肝要なのでした。2章の個別避難訓練においても、避難において何が問題なのかを考える主体は、一人ひとりの避難者自身でした。3章では、最先端の地震観測の主体に、思いきって小学生が挑戦しています。4章では、地域住民自らが気象情報の作成主体となっていました。5章では、防災教材クロスロードを、震災経験者自身が作成し、そしてプレイする主体となっています。6章では、属性の異なるさまざまな人びとが、「理想の防災=虹」に向かう主体として言葉を交わす例が紹介されました。

　ここで重要なのは、問題は主体が誰であるかということだけではないことです。「専門家だけでなく非専門家もともに」「地域住民主体の防災を」という考え方は、これまで繰り返し訴えられてきたものです。それでは、何が未だ十分に検討され、試みられていないのでしょうか。それは、誰が主体であるかと同時に、誰が主体になり得ているか、誰が主体的な主体としてなり得ているのかという問題です。課題がいくら精緻に分析されても、それに対処する主体がいなければ事態は進展しません。どれほど最新の技術を活かしてより良い減災のためのツールが開発されても、それを活用する人がいなければ、宝の持ち腐れです。減災の主体が不在の時に、どのように当事者が主体となり得るの

か、それをどのように私たちは支えることができるのか、私はこの議論が十分ではないように思うのです。

　群馬大学の片田敏孝さんは、日本が防災大国となったことの裏返しとして防災に対する失われた主体性があると言います。こんなにも多様な災害リスクを抱えながら、日本が一定の生活水準を維持しえているのは、日本が高い防御の目標を掲げて、防災対策を進めてきたからだと片田さんは指摘します。たとえば、治水は百年に一度起こる可能性のある洪水を防ぐことを目標に対策が講じられてきました。その結果、それまでは頻繁に発生し、「あの場所はいつも水に浸かる場所だ」「ここから水が出る」というように災害を避ける知恵をもち、いざというときは近隣住民で土嚢を積むなどの水防活動を当たり前に行なっていたような中小規模の洪水が発生しなくなります。すると、人びとは、百年に一度、自分の人生にあるかないかの災害、しかもそれは結果的には大きな被害をもたらすものなのですが、それしか経験しないことになります。結果的に、過去の災害の記憶も、災害をやり過ごす知恵も、共同体意識もなくしたまま、無防備な状況で、百年に一度の災害を迎えることになるのだと片田さんは言います。そして、無防備な人びとは、主体性を欠いたまま、すでに対策によって封じ込められている中小規模の災害と同様に、大災害についても行政による防災対策に過剰に依存するようになるのです。

4　減災と復興

　それでは減災における主体形成をどのように考えればよいか、ここで参考になるものが、減災という言葉と同時期に、さかんに用いられるようになった言葉をめぐる議論の中にあります。その言葉とは、復興です。復興がさかんに問われるようになったのは、阪神・淡路大震災からまもなく 10 年を迎えようという 2004 年 10 月 23 日に起こった新潟県中越地震がきっかけでした。新潟県中越地震では、大都市が被災した阪神・淡路大震災とは異なり、山間部に散在する小さな集落が被災しました。これらの地域では、震災以前から深刻な過疎高齢化が

進んでいました。そのため、復興に際しても、災害前の状態に戻すだけでは十分ではないことが容易に見てとれました。その結果、復興とはそもそも何なのだろうか、そこでは災害からの回復のみならず平時の社会における課題にどう向き合っていくのかも問われるのではないだろうかとさまざまな議論がなされるようになったのです。

　私は、中越地震の被災地でその直後から長期的な実践研究を続けてきました。大きな被害を受けた山間部の集落での支援活動に携わってきたこの10年間をふり返って、あらためてつくづく気づいたことがあります。それは、中越地震における復興の本質的課題とは、地震による被害でも、折からの過疎化でもない、そうした問題に対する人びとの心の構えにあったということです。この心の構えとは、震災によって一気に加速した過疎高齢化が、自分たちにとってはどうしようもない課題であるという諦め感と、自分たちが無力である以上、誰かにお願いして解決してもらう他ないという依存心でした。この心の構えの問題は、減災において失われてしまっている主体性とほとんど同型的です。中越地震の復興は、その復興の主体が回復されるところからはじまりました。それでは、それはどのようなものだったのでしょうか。

　そもそも、中越地震の被災地は、冬の3メートルを超える豪雪をはじめとした過酷な自然環境に囲まれた地域です。実際に、この地域の人びとは、自然の脅威を乗り越える知恵を育むと同時に、その恵みを享受しながら生き抜く術を培ってきました。たとえば、美しい棚田は、もともと地滑りの後につくられたのだといいます。水を少しずつ棚田にためながら上から下へと流していくことで、棚田はダムのような役割を果たすそうです。棚田の上には、かならず池をつくります。この地域では、地中にしみ込んだ雪解け水からなる井戸水を稲作に用いるのですが、それがとても冷たいために、田んぼに流す前に一度ため池で温めるのです。その池に、タンパク源として放した鯉に何の拍子か色がつきだしたのが、錦鯉のはじまりだったといいます。また、急峻な山間部の棚田の間を運搬するのに、粗食や冬の寒さに強い牛はこの地域での農業に欠かせないものでした。それがやがて、牛の角突きの

文化へと発展していきます。このように、この地域に住む人びとは、きびしい自然環境を生き抜くために自ら知恵を育み、そこにかけがえのない豊かさを見出してきた人びとです。そのような人びとがなぜ、諦め感や依存心さえいだくようになってしまったのかは、この地域の歴史、とりわけ戦後の高度成長期の前後にあたる歴史を読み解くことで見えてきます。

　太平洋戦争による荒廃から少しずつ立ち直り、日本が高度経済成長期を迎えるとき、その恩恵は少しずつ農村にもやってきましたが、都市との格差は縮まりませんでした。それまでも、中越地域では豪雪の冬期間に雪の降らない関東圏に出稼ぎに行くことによって、次第に豊かになっていく都市の生活を垣間見ていました。そんな都市の生活を一気にそのまま農村の茶の間に届ける役割を果たしたのはテレビだったといいます。農村の人びとは、テレビを通して、都市における華やかな生活を直接目にするようになりました。その中で、これまで所与のもの、当たり前のものとして感じられていた自らの生活におけるさまざまなものが、都市との対比によって、遅れているもの、未だ経済発展の恩恵を受けていないものとして、不平等感をもってみなされるようになります。

　そんな時代背景の中で、この中越地域が生んだひとりの政治家がいます。田中角栄です。田中角栄は、すでに保守の有力者がいた都市部を避けて、辺境の村を熱心にまわり支持を固めていきます。そして、「三国の山々を切り崩してしまえば、日本海の季節風は太平洋にぬけます。魚沼にも雪は降らなくなるんだ」といった豪快な演説で人びとを魅了していくのです。この田中が確立したのが陳情政治とよばれるしくみです。田中は、自らの選挙区の、とりわけ山間僻地からの要望、いわゆる陳情を積極的に取り次いでいきます。その見返りとして、これらの選挙区では田中の後援会が組織され、陳情との引き換えに巨大な票田となっていきました。1963（昭和38）年の「三八豪雪」の際には、当時大蔵大臣であった田中が、この雪害を国の「激甚災害」とする前例をつくります。これは、豪雪を補助金の対象とすることで、それ以後、市町村は国からの補助金によって豪雪による復旧工

事や道路整備、さらには地域住民の日常生活を保護するさまざまな設備投資が可能となりました。まさに、所与のものとして諦められていたこと、自らあるいは身近な人びととともに対処するものとされていた雪が、状況によっては災害であり、行政による支援を求めることができるものへと変換されていったのです。もちろん、田中の一連の政治的な動きがこの地域に豊かさをもたらしたことはたしかです。その政治手法に賛否が分かれるところはあるものの、彼が彼なりの社会構想論でもって世の中を問い、実際に地域生活を向上させていったことは評価されていいのではないかと思います。

　しかし、田中をはじめとした政治家たちによる地方活性化の試みは、これらの地域の過疎化を止めることはなく、むしろいっそう深刻なものとしていきました。インフラも整い、これら山間部での生活はずいぶんと便利なものになりました。冬場に病人が出れば、雪道を担いで峠を越えなければならない、そんな生活を改善するために10年以上の年月をかけて手掘りのトンネルを貫通させた山には、そのとなりに立派なトンネルができました。けれど、村人たちはそれらのトンネルを通って、どんどんと地域の外へ、都市へと流出していったのです。これらの地方振興策がこの地に残したもの、それは行政や政治家の先生にお願いすればするほど村が「豊か」になるのだという成功体験でした。しかも、そのお願いは、都市との対比によって自らの地域には何がないのか、自らの地域や生活に対して欠如でもって語る語り口を強固なものにしていきました。自らを価値がないものとして説得的に語ることで、物質的な豊かさを享受するという繰り返しがなされていったのです。その結果、中越地震が起きた頃には、過疎化をはじめとした課題はけっして自分たちにはどうにも対処できないものなのだという無力感と、子どものいない年寄りばかりの村にはもはや未来なんてないのだという諦め感、さらには誰か何とかしてくれという根強い行政依存が残されていたのでした。

　こうした日本における、とりわけ中山間地域と呼ばれる地方における心の構えの問題は、中越地震において象徴的に見てとることができるものの、前述の片田さんが指摘した水害をめぐる人びとの主体性の

喪失のように、日本の各地において多かれ少なかれこの時代に生まれていたものではないかと私は考えます。つまり、減災を進めていく上でも、この心の構えの問題はけっして無縁ではないと思うのです。

5 「X がない」問題

　この心の構えの問題は、中越地震の復興において、「○○がない」という言明の形で象徴的にあらわれました。私はこれを「X がない」問題として整理しています。災害によって大きな被害を受けたのですから、何かがないという訴えは至極当然のものです。しかし、この災害時のいわばニーズが、ここまで書いてきた行政等への依存心、さらには自らについて欠如でもって語るしか方策がないという状況を背景として浮上したために、とりわけ長期的な復興を視野に入れた活動の中で、この「X がない」問題は深刻なものとなりました。それは次のような形で、事態を閉塞させたのです。

　私が当初からかかわりつづけている旧川口町（現長岡市）の木沢集落での出来事です。木沢集落は、中越地震の震源があった集落で、山間部に位置していること、過疎高齢化が深刻であったこと、しかもそれが地震によって一気に加速されたことなど、この地震による被災地の問題を象徴する地域でもありました。私は、震災後に現地で設立された中越復興市民会議という民間の中間支援組織のメンバーとして、集落再生の現場に携わる中で、木沢集落にかかわるようになりました。

　前述の「X がない」という問題に照らし合わせていえば、木沢集落での問題は、「水がない」という形で浮かび上がりました。この地域は、農業用水、場合によっては生活に用いる水も、地下水脈からくみ上げたものを利用していました。その水の入手方法はこの地域独特なもので、通常、井戸は地面から垂直方向に掘られるものが多いと思うのですが、この地域では横井戸といって、山腹に向かって地面と水平に掘られた井戸を用いていました。この水が、地震によって地下水脈が変わってしまうことで、出なくなってしまったのです。そのため、当初、木沢集落で、この地域の未来を考えるワークショップを開いても、「水

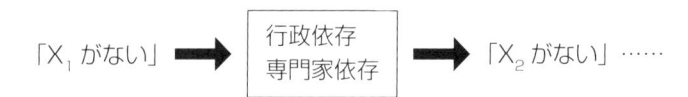

「X_1 がない」 → 行政依存 専門家依存 → 「X_2 がない」……

図 7-2 「X がない」問題

がない」の一点張り、その後には「そもそも、こんな年寄りばっかで子どものいねぇ村で未来なんてねぇ」「復興なんて役場の仕事じゃないか」「だいたい、役場はあの道をいつなおすんだ」という、諦め感と根強い行政への依存心が渦巻いていました。

「X がない」問題は、次の 2 点から、事態を閉塞的なものにします。第 1 に、「X」を満たすことが非常に困難な場合です。木沢集落の例でいえば、新たに水を入手するための水源調査や掘削には多額の予算が必要でしょうし、地震で地下水脈が変わった以上、それが安定的に得られるものであるかはわかりません。第 2 に、こちらがより本質的な問題なのですが、仮に、ある「X_1」が満たされたとしても、「X_2」「X_3」……が次々に現れる可能性があります。たとえば、「X_1 = 水」が満たされたとしても、「X_2 = 耕作地までの道がない」「X_3 = 耕作の担い手がいない」「X_4 = 担い手になるような若い人の子どもが通う学校がない」……というように、あるものが満たされても、すぐに次の欠如が指摘されて、支援が要請されます（図 7-2）。この延長がやがて限界にたどり着くだろうことは想像に難くありません。

ここで、「X がない」ことをめぐって問題となっていたことが、「誰が」その X を満たすのかという主体の問題と、「何が」その X として意味づけられているのかという認識の問題であったことがわかります。木沢の例でいえば、地域にとって必要な X を満たすのは、暗黙の前提のうちに、行政や外部者であると考えられていました。また「X がない」という語り口は、自分たち自身や地域について、何らかの欠如でもって語るという認識を、これもまた自明の前提としていました。これらの前提は、言うまでもないことですが、先ほど述べた高度経済成長期以降の、行政にお願いすることで村が豊かになったという成功体験によってつくられたものです。

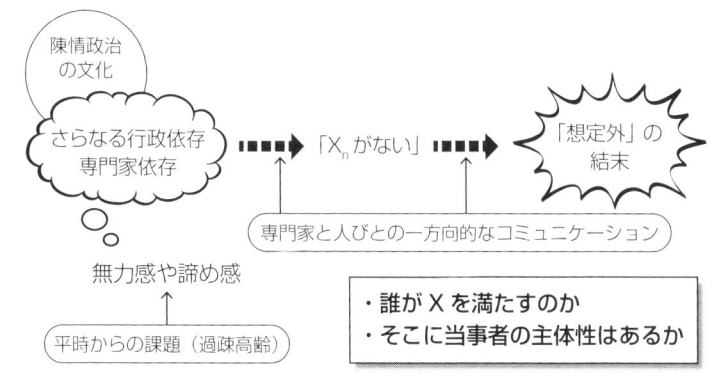

図 7-3　減災における「X がない」問題構造の一例

　「X がない」という言明は、復興のみならず、減災においてもしばしば耳にすることがあるのではないでしょうか。「L2 津波[注1]に対応できる避難場所がない」「真に住民の避難行動につながるような気象情報がない」「防災訓練の参加者が少ない」「放射能汚染のリスクを伝える正しい情報がない」。これらは、木沢集落における「水」がそうであったように、切実に求められているものであり、もちろん実現されるべく努力されるものです。しかし、それと同時に、誰がその X を満たすのか、そこに当事者の主体性はあるのか、依存関係が隠されていないのかといったことも考慮に入れられなければなりません。さまざまな技術が開発され、たくさんの対策が講じられているのに、それでも人びとの専門家依存が高まり、さらに、専門家と人びととの間の双方向的なコミュニケーションが失われており、それが結果的には「想定外」と非難されるような破局的な結末を招く恐れがあるのだとすれば（図 7-3）、この後者の問題が、減災の中で十分に考えられてこなかったからではないかと思います。

6　減災の主体形成

　それでは、この「X がない」問題はどのように乗り越えることがで

きるのでしょうか。もう一度、木沢集落の事例に立ち返って考えてみましょう。木沢集落では、地震後に、先ほどの中越復興市民会議の仲介などで、多くの若い大学生が村を訪れるようになりました。震災で大きな被害を受けた村で何かできないかと考えた彼・彼女らでしたが、そうは言っても、道路の復旧ができるわけでもありませんし、何か特別な技術をもっているわけでもありません。そこで、まずは畑作業を手伝いながら、野菜の作り方を教わったり、一緒に山の中を歩いたりして、木沢のことを教えてもらうことにしました。実は大学生らは、主に関西圏出身で、彼・彼女らにとって木沢集落の人びとの生活はたいへんめずらしいものに思われました。山菜などの山の幸をさまざまな手段で保存食とし、年中食べられるようにする生活。美しい山野草を愛でながら、雲海のひろがる地上を見おろすすばらしい眺め。そして、しょっちゅうお互いの家を訪ね合いながら、何でもない話をして日常を楽しむ「お茶のみ」の文化。大学生たちは、木沢集落の生活に触れながら、「すごいですね！」「おいしいですね！」としばしば感嘆しました。

　これらのことは、木沢集落住民にとって、まさに日常の中の当たり前のことでしたが、大学生らの反応を通して、それらの価値を再認識します。そして、木沢集落のことを知らない大学生たちに、自分たちの生活や文化について、こんなものもあんなものもあるぞと、どんどん語るようになりました。木沢に「何がない」のかから、「何がある」のかへと語り口が変化してきたのです。それまでの会議では先ほど述べたように依存的な雰囲気が蔓延し、未来のことなんて考えられないと諦め感に満ちていたのですが、大学生らとの交流の中で、「そういえば昔と比べて人が集まる機会が減ったんだ」「こんなふうに多くの人が村を訪れてくれて、村がにぎやかになったらいいなぁ」というような、未来についての語りが出はじめました。

　当初の会議で「役場はいつになったら道をなおすんだ」と言われていた道は、実は村人が大切にしている二子山という山の中にある遊歩道のことでした。二子山は木沢集落の北側にある山で、村を北風から守ってくれる山であり、雪解け水をたっぷり含むことで村に水を供給

してきた山です。はじめは、早く役場が直せ、と語られていたのですが、大学生と交流する中で、せっかく木沢に来てもらうんだから、あの遊歩道を散策してもらって、もっといい眺めを楽しんでもらったり、二子山の中の豊かな自然を満喫してほしいという意見が出だします。そして、「役場を待っていても仕方がない」「自分たちで直せば、半日もかからないのではないか」と遊歩道の自力復旧が行われました。このことをきっかけに、木沢の中で「役場が」が「自分たちで」と語り直されるようになります。そして会議の中でも復興の目標が語られるようになりました。今では、地震直前に廃校になっていた小学校を宿泊施設として改装し、外部の人に木沢の暮らしを楽しんでもらいながら、年老いても豊かに暮らせる生活をめざして取り組みが進んでいます。

　復興において人びとの語り口が変わったことなど、あまりに些細なことのように思われるかもしれません。しかし、語り口が変わることは、同時に、まさに目の前の世界が変化することを意味します。6章のテーマは、「ことばのチカラ」でした。私たちは、自らがつくったことばによってつくられるリアリティの中で生き、それに規定されもするダイナミズムの中に存在しています。減災の主体性は、石を投げれば跳ね返ってくるような物理的実体をもっているわけではありませ

7章　減災学がめざすもの

ん。減災の主体を確認することができるとすれば、それは「ことば」の中、それも「ことば」の語られ方、語り口にあるといえます。それゆえに、減災をめぐる実践の中で、人びとが自分たち自身や何らかの問題について、どのような語り口をもっているのかに注意を払うことはたいへん重要なものになってきます。

さて、ちなみに木沢集落で懸案だった「水」ですが、実は活動が進みだした後、復興基金事業が弾力的に運用されるようになり、木沢でも基金の支援を受けてボーリング調査が行われ、新たな地下水源を確保できるようになりました。木沢の事例は、基金や行政によってこの問題が解決されるのをただ待っているのではなく、それまでに自分たちでやれることは自分たちでやるという主体性を獲得した上でさまざまな活動を展開できたこと、その前提として自らの存在価値を再認識していたことが重要であると考えられます。

このように、諦め感や、無力感、依存心が根強く、復興にあたる主体が不在の時に、当事者が自らの存在価値を再認識することにつながるような外部者のかかわりが、結果的に当事者の主体性を回復させ、閉塞した事態を進展させられることがわかります。この外部者のかかわりは、現状を変革していこうという能動的なかかわりというよりも、耳を傾けたり、うなずいたりといった受容的なかかわりであったことがポイントです。このことは、減災にあたる主体が不在である時も、同様のかかわりが有効であると考えられないでしょうか。たとえば、2章の個別避難訓練を思い出してみてください。訓練が行われているのは、きびしい新想定が出された地域です。当初は、「そんな大きな津波が来るのなら、もうなにをしても無駄だ」「津波と一緒に流されます」といった諦め感がありました。より良い津波防災を達成しようとして出された新想定が、反対に、人びとの無力感を喚起してしまっていたのです。個別避難訓練を通して確認されたことは、新想定のような巨大な津波がこの地を襲っても、きちんと備えて避難をすれば大丈夫だということでした。しかし、個別避難訓練が達成したのは、このような津波防災にかかることだけではありません。

訓練の準備をしようと、小学生と一緒に、ある高齢の独り暮らし女

性のもとを訪れていたときのことです。その方の部屋には、地域の砂浜でとれる貝殻を用いて花やトンボが表現された作品がたくさん飾られていました。その中には、「サクラ貝」と呼ばれる美しい貝がありました。「これなんていう貝？」「サクラ貝やで」「へえ〜きれいなぁ、でも私はこっちがサクラ貝やと思ってた」「ちゃうちゃう、それはまた別の貝や」、こんな感じで小学生の女の子とおばあちゃんの会話が盛り上がりました。このように、避難訓練の中では、津波のことだけではない、興津の暮らしのこと、歴史のこと、自然のことについての会話が、小学生やよそ者である大学関係者らと地域住民の間でなされます。その中で、小学生や大学関係者が何度も感嘆して「すごいですねぇ」となっていたのは、先の木沢での出来事とたいへんよく似たやり取りでした。

　個別避難訓練を通して、たしかに興津地区では、避難するのを諦めていた人が、積極的に避難訓練に参加するようになりました。地域住民自らが、個別避難訓練への参加を呼びかけるまでになりました。私はこの変化について、個別避難訓練の中で再認識されたことが、津波防災に関することだけではない、その人の生き方や地域の文化の豊かさまでが確認されていたことが大きかったのではないかと思います。先ほどの女性は、訓練がきっかけとなって、貝殻アートの展示会の開催にまでいたりました。もし、個別避難訓練が、たとえば貝殻アートについての会話を避難訓練には必要のないこととして片づけてしまうような感性のもとで進められていたら、事態はまったく異なっていたのではないかと思います。このような例は、5章で紹介された被災者によるクロスロードの作成過程において、被災者が放射能汚染をめぐる問題だけでなく、大洗という地域のさまざまな側面を語ることでその価値に気づき、主体性を取り戻していったといわれる過程においても、まさに同型的に見られるのではないかと思います。

　それでは、このような当事者の主体形成につながるような外部者のかかわりとはどのようなものなのでしょうか。先ほどそれを、現状を変革していこうという能動的なものというよりも、受容的なかかわりであったと述べました。ここで、両者のかかわりの特徴と関係を、保

育の現場からさまざまなコミュニケーションを考えられている肥後功一さんが提起した「めざすかかわり」と「すごすかかわり」というキーワードから考えてみたいと思います。

7 「めざすかかわり」と「すごすかかわり」

　肥後さんは、保育の現場で子どもたちと接する中で、何らかの問題を抱えた子どもたちが、何かが「できる―できない」ことをめぐる傷つきに多かれ少なかれ出合っていたことに気づきます。何かが「できる」状態を「めざす」ことは、もちろん子どもたちの成長にとって大切な要素なのですが、成長するにしたがってめざしたようにはいかないこと、しょせんは届かないことが目に見えてきて、それでも「めあて」に向かってめざす生活態度のみ求められると、次第に充実感や達成感よりも、緊張感、失敗への不安、「できない」ことや「変わらない」ことからくる無力感のほうが大きくなってくるのだといいます。そこで、「めざす」生活態度が活かされるためには、もう一方で、「変わらなくてよい」「このままでよい」というメッセージを含んだ「すごす」生活態度が形成されていることが大切だと肥後は指摘しています。

　実は「変わっていく」ことを「めざす」かかわりの落とし穴は、対象に何らかのより良い状態への変化を求めている時点で、同時に、対象の現在の状態の否定を含んでいる点にあります。つまり、「より良い状態をめざす」ということは、それに照らし合わせて現在の状態の何らかの欠如を暗黙裡に示しているのです。このまなざしに、当事者が気づいたとき、「めざす」かかわりは、逆に当事者の力をそいでしまいます。「できる―できない」をめぐって、傷つき、無力感を強めていた対象であればあるほど、「めざす」かかわりによって自己を否定的にとらえる見方をいっそう強めてしまうでしょう。このような子どもへの願いや期待をこめた大人のかかわりが相反する結果を生んでしまうことは、ここまで考えてきた復興や減災の支援においても共通するものがあるように思うのです。

　「Xがない」問題を思い出してみてください。Xが満たされること

はたしかに重要でしたが、同時に、そこに何らかの依存関係が存在するのであれば、つまり誰がそのＸを満たすのかという主体性が当事者の側にないのであれば、その主体性の回復を図らない限り、「Ｘがない」問題は永遠に循環してしまうのでした。「めざす」かかわりは、当事者が何らかの欠如でもって自らを認識しているときに、そしてそれゆえ誰かに深く依存的な関係にあるときに、現状をより良い状態に変革していこうとしているにもかかわらず、事態を逆に深刻なものにしてしまいます。それは、「ニーズ」に応えようとする、一見まっとうな取り組みなのですが、当事者自身が自らを無力な存在と受けとめる、自らを否定するまなざしを強化することに加担してしまうのです。

　めざしたくてもめざせないときに、それでも「めざす」かかわりがとられるとき、「めざす」かかわりはむしろその反作用として当事者をより無力にしてしまいます。そんなときは、「変わらなくてよい」ことを前提とし、相手の存在のかけがえのなさを確かめ合うような「すごす」かかわりが大切です。木沢集落において大学生らが行なったことは、木沢についての話を「聞いたり」、畑仕事を「習ったり」、木沢の生活について「驚いたり」というような受容的なかかわりを通して、木沢集落の住民自身が自らのかけがえのない価値に気づき力を得たということでした。興津地域での個別避難訓練の中で交わされたやり取りも同様です。より良い復興をめざす支援の中でも、より良い津波防災をめざす取り組みの中でも、同時に、そこにかかわる人たち同士が互いの存在のかけがえのなさを承認しあえるような「すごす」時間が存在していたこと、ある瞬間「めざす」かかわりが後景に退くような時間が存在していたことが、結果的には主体的な実践へとつながっていったのです。

　減災の主体形成につながるかかわり、それも生き生きとした主体の実現にいたるかかわりが、相手の存在のかけがえのなさを確かめ合う「すごす」かかわりでした。重要なことは、このような「すごす」かかわりは双方向的に存在しているということです。再び興津地域の出来事をふり返ると、サクラ貝という美しい貝を愛でるおばあちゃんの生き方に触れるなかで、小学生や大学関係者も自分たち自身もどのよ

うな生き方を豊かだと思えるのかを再認識し、成長していきます。その成長ぶりをを眺めて、またおばあちゃんも元気になっていくのです。私は本章の冒頭で、人間の人間たる本性が関係的なものではないか、それゆえその生の充溢も何らかの関係の中にあるのではないかと書きましたが、まさにこの「すごす」かかわりにおける双方向的な関係において、それが体現されていると思います。

　このように書くと、次のような批判が飛んできそうです。「お前は人間の命を救う取り組みを否定するのか、そこにどんな問題があっても変わらなくてよいというのか、問題のある現状を肯定してしまっていいのか」という批判です。注意してほしいのは、私がここで肯定しましょうと言っているのは、けっして問題含みの現状のことではありません。私が肯定したいのは、ある時点において当事者には気づかれていない、当事者が本来もっている潜在的な力のことです。その力の存在をこそ肯定したいのです。その力が発現されたとき、はじめて現状を変革しうる主体があらわれます。逆に言えば、それを肯定しない限り、誰かがやってくれる、専門家は何をやってるんだという依存関係は永遠になくならないでしょう。当事者がもっている潜在的な力が発現されることを、エンパワメントといいます。私はこのエンパワメントの思想を減災学の礎にしっかりと置きたいと思います。

　さて、この「めざす」と「すごす」の関係は、よくよく考えてみると減災をめぐる伝統的な対立、すなわち「変えたい」と「知りたい」の間にある対立、溝とよく似ていないでしょうか。ここで、「変えたい」は工学的な研究に、「知りたい」は理学的な研究のことを指しています。災害による被害を減らしたいのですから、現状変革志向である工学的な研究が減災においては主流なものとなっています。その傾向は、とりわけ東日本大震災以降、被害軽減に直結する研究が、すぐに成果の出る研究が求められることで、強まっているように思います。もちろん工学的な研究を進めるには、その前提として現象を把握しないといけないわけですから、理学的な研究も同様に大切なのだという言い方がされます。

　しかし、先ほどの「めざす」と「すごす」の関係を考えてみると、

「変えたい」への偏重、「知りたい」の過少がもたらすものは、単に工学と理学が互いの研究内容を豊かなものにできるのかどうかということ以上の問題をはらんでいるように思います。「知りたい」の過少は、私たち自身について、どのような価値を見出していくのかという存在の基礎づけを希薄化していくということにつながるのではないでしょうか。「すごす」かかわりにおいて、自身や地域について主体的に知るということ、そのかけがえのなさに気づくことが当事者の力づけに資するのだとすれば、それは自然のメカニズムについて知ることにおいても同じように、私たちの生を豊かなものにするのではないかと思います。その意味で、防災教育のなかで、災害による被害からどのように命や財産を守るのかということを学ぶと同時に、そもそも、災害と呼ばれるものがどのような自然現象であるのか、それが私たちの暮らすかけがえのない地球にとってどのような意味をもっているのかを学ぶことがとても大切なことだと思います。3章の阿武山観測所での子どもたちの取り組みや、4章の地域気象情報のプロジェクトでは、この「変えたい」と「知りたい」の両方が重視されていたのでした。

8 本書の結びに

　最後に、数えられる命と数えられない命の問題を考えておきたいと思います。これは、減災をどのように考え、進めていくのかという際の根幹にかかわる問題です。そもそも命は数えられないもので、誰かの命は他の誰の命とも交換できないものですが、ここで強調したいのは命のかけがえのなさの重要性に加えて、命を数えられるものとしているときに、何が見過ごされているのかを考えておきたいのです。

　「南海トラフで巨大地震が発生したら数万人の死者が出る恐れがある」というような言い方は、命を数えられるものとする代表例でしょう。「対策をとれば4万人の死者が、5000人にまで減らすことができます」といった形で、行動を促されることもあります。しかし、このような呼びかけが、なかなか個々の減災の取り組みにつながっていかないことがあります。それは、数えられる命をやり取りしているとき

には、しばしばその命を守る取り組みに誰がコミットしているのかという、減災の主体の問題を抜かしてしまっているからです。私が本章で述べてきた、減災の主体形成にいたる過程の中で、互いの存在のかけがえのなさを確かめ合うことは、すなわち互いの命のかけがえのなさを確かめ合っていたのでした。数えられない命に向き合うことができているのかどうか、そこで行われている減災の取り組みが、減災の主体形成がなされているのかどうかを見る試金石になっているとも考えられます。

　私は最初に、減災とは、災害直後の生き死にだけではない、生き生きと充実した生の実現にあると書きました。ですから、災害に強い社会とは、人びとが生き生きと暮らす社会でもあります。一人ひとりの存在のかけがえのなさを大切にし、かつ、楽しむ社会です。実際に減災の活動が活発に進んでいるところでは、人びとの表情が晴れ晴れとしていたり、その場にいると何か温かい気持ちになるように思います。減災に取り組むことは、平時の社会を豊かなものにすることにつながります。そもそも、減災ということばでもってさまざまな問いを投げかけた阪神・淡路大震災は、経済的な豊かさだけを追い求めた社会のあり方への反省があったのでした。時代は転換期にあると言われます。減災学のフロンティアをきり拓くことは、すなわち新しい社会像を描くことでもあります。そのフロンティアへの切符は誰かが用意してくれるものではありません。私たち一人ひとりがその一歩を踏み出したとき、そこにすでにフロンティアは広がっているはずです。

注1　現在の日本の津波対策においては、発生頻度の高い津波を「レベル1」の津波（L1津波）、その地点で想定される最大規模の津波を「レベル2」の津波（L2津波）として、二種類の津波を想定して対策が講じられています。

あとがき

　そこを訪れたときに、「今日は、〇〇さん、××くんは、いないの？」と、研究室の学生について尋ねられたとき、「ああ、もう私の出番は終わったな」と感じます。その集落、その町で、学生のことを多くの方々に知っていただき、また気にかけてもらえるような状況になっているとき、減災学は、少なくとも大きく道を踏み外していることはないと判断しています。学生たちが、そして筆者自らが、名も姿もある「人」として現場(フィールド)にあらわれているかどうか ── 防災学ならぬ減災学においては、この点が重要な試金石となるということです。

　それは、なぜでしょう。減災学では、すべてとは言えないかもしれませんが、ほとんどの場合、減災の対象となる生命・財産の持ち主、すなわち、当事者との接触 ── 言いかえれば、当事者とのコミュニケーション ── が不可欠だからです。もちろん、これまでも、防災啓発や教育、アウトリーチといった言葉で、コミュニケーションは重視されてきました。しかし、「巨大地震が最優先、いや頻度で言えば風水害も」など、何をコミュニケーションするか（"what"）、あるいは、「見やすいハザードマップが大切、ワークショップなど参加的な手法を」など、どのようにコミュニケーションするか（"how"）ばかりに関心が集まり、一つの重要な要素が欠落しがちでした。それこそが、だれがコミュニケーションするか（"who"）です。「人」として現場(フィールド)にあらわれるとは、コミュニケーションに足る人物として当事者に認めてもらうこと、さらに踏み込めば、自らが半ば当事者になることと言えるでしょう。

　このように書くと、「マニュアル」「標準化」「形式知」といった単語で特徴づけられる方向性をめざす方々から批判を受けること、必定です。「その人にしかできないことではダメだ」「百歩譲ってその現場はいいとして、水平展開はできるのか」と。ある意味で、ご指摘の通

189

りです。"who"を重視するとは「その人」に縛られるということだからです。しかし、減災学のこうした特徴は、「その人」に触発され、導かれ、その活動を発展的に継承しようとする次の「その人」を生むことを阻むわけではありません。それどころか、「その人」と呼ぶにふさわしい人は、そのようなポテンシャルを力強くもっていることが多いものです。固有性や特殊性は、その伝播力において、普遍性や一般性に無条件で劣るわけではありません。現に、だれにでも通用するはずの「マニュアル」が、結局だれからも使われなかったという手痛い経験を私たちは何度も味わってきました。

　他方で、ここで言う「人」の重要性を強調した途端に、調査・分析の作業や論理的な思考といったプロセスを軽視し、一足飛びに研究活動を全体として度外視するような態度を招くことも、もちろん問題です。減災学はあくまで一つの学であり、そうである限り、その内実が問われるのは当然のことです。コミュニケーションに値する中身（"what"）がないままに、また、コミュニケーションのための新たな工夫（"how"）を凝らすことを怠った状態で当事者の前にあらわれてみても、それは学の責任放棄に等しいでしょう。本書で紹介してきた減災学のフロンティアとは、このような困難な格闘の最前線という意味でもあります。

　ここで、本書の成立の背景についてごく簡単に記しておきます。京都大学防災研究所では、文部科学省の特別経費による支援を得て、2012年度から15年度まで4年間にわたって、「減災社会プロジェクト」（正式名称：「巨大地震津波災害に備える次世代型防災・減災社会形成のための研究事業―先端的防災研究と地域防災活動との相互参画型実践を通して―」、研究代表者：矢守克也）を進めてきました。本書は、その研究成果をとりまとめたものです。「減災社会プロジェクト」は、言うまでもなく、研究開始の前年に起きた東日本大震災が突きつけた重い課題を踏まえて企画・実施したものです。残された課題は多いですが、こうして書物の形でいったん区切りをつけて、その成果を世に問うことができたことをうれしく思っています。

最後になりましたが、「減災社会プロジェクト」を支えてくださったすべての方々、特に、現場で減災学をつくる活動を共に展開してくださったみなさまに心からお礼を申し上げます。

2016 年 2 月
編者を代表して
矢守克也

文　献

【1章】減災学をつくる
矢守克也（2009）『防災人間科学』東京大学出版会
矢守克也・杉山高志（2015）「Days-Before」の語りに関する理論的考察．質的心理学研究，14, 110-127.

【2章】個別避難訓練タイムトライアル
窪川町史編集委員会（編）（2005）『窪川町史』窪川町
内閣府（2013）南海トラフ巨大地震の被害想定について（第二次報告）．南海トラフ巨大地震対策検討ワーキンググループ（2013年3月18日）
　http://www.bousai.go.jp/jishin/nankai/taisaku_wg/pdf/20130318_shiryo2_1.pdf（2013年5月18日情報取得）
孫英英・近藤誠司・宮本匠・矢守克也（2014）新しい津波減災対策の提案：「個別訓練」の実践と「避難動画カルテ」の開発を通して．災害情報，12, 76-87.
矢守克也（2009）『防災人間科学』東京大学出版会

【3章】サイエンスする市民
矢守克也（2013）質的心理学の東日本大震災／東日本大震災の質的心理学．質的心理学フォーラム，5, 129-132.

【4章】地域気象情報というコミュニケーション
片田敏孝・金井昌信（2010）土砂災害を対象とした住民主導型避難体制の確立のためのコミュニケーション・デザイン．土木技術者実践論文集，1, 106-121.
大後美保（編）（1985）『災害予知ことわざ辞典』東京堂出版
佐用町台風第9号災害検証委員会（2010）『台風第9号災害検証報告書』佐用町
山田文彦・柿本竜治・山本幸・迫大介・岡裕二・大本照憲（2008）水害に対する地域防災力向上を目指したリスクコミュニケーションの実践的研究．自然災害科学，27, 25-43.

【5章】被災地の住民がつくる防災教材
井上裕之（2011）大洗町はなぜ「避難せよ」と呼びかけたのか：東日本大震災

で防災行政無線放送に使われた呼びかけ表現の事例報告．放送研究と調査, 61, 32-53.
矢守克也・吉川肇子・網代剛（2005）『防災ゲームで学ぶリスク・コミュニケーション：クロスロードへの招待』ナカニシヤ出版
吉川肇子・矢守克也・杉浦淳吉（2009）『クロスロード・ネクスト：続：ゲームで学ぶリスク・コミュニケーション』ナカニシヤ出版

【6章】ことばによる減災アクション
小林秀雄／国民文化研究会・新潮社（編）（2014）『学生との対話』新潮社
中村桂子（2013）『科学者が人間であること』岩波書店
大森荘蔵（1992）『時間と自我』青土社
杉万俊夫（2010）「集団主義－個人主義」をめぐる3つのトレンドと現代日本社会．集団力学, 27, 17-32.
安田登（2014）『あわいの力：「心の時代」の次を生きる』ミシマ社

【7章】減災学がめざすもの
肥後功一（2003）『通じ合うことの心理臨床：保育・教育のための臨床コミュニケーション論』同成社
片田敏孝（2013）「巨大想定」に向かい合う．災害情報, 11, 10-13.
額田勲（2013）『孤独死：被災地で考える人間の復興』岩波書店

執筆者紹介

編 者

矢守克也（やもり　かつや）【1章、3章1節・2節】
京都大学防災研究所教授・情報学研究科教授。大阪大学大学院博士課程単位取得退学。博士（人間科学）。関心のある研究テーマは、防災心理学、アクションリサーチなど。著書は『巨大災害のリスク・コミュニケーション：災害情報の新しいかたち』（ミネルヴァ書房）、『アクションリサーチ：実践する人間科学』（新曜社）、『防災人間科学』（東京大学出版会）など。

宮本　匠（みやもと　たくみ）【7章】
兵庫県立大学防災教育研究センター講師。大阪大学大学院人間科学研究科博士後期課程修了。博士（人間科学）。関心のある研究テーマは、内発的な災害復興過程など。著書は『ワードマップ　防災・減災の人間科学：いのちを支える、現場に寄り添う』（共著、新曜社）、論文は「災害復興における"めざす"かかわりと"すごす"かかわり」（質的心理学研究・第14号）、「人間科学における研究者の役割」（実験社会心理学研究・第52号）など。

分担執筆者（執筆順）

孫　英英（そん　えいえい）【2章】
日本学術振興会特別研究員PD。京都大学大学院博士課程修了。博士（情報学）。関心のある研究テーマは、津波防災、避難訓練、防災教育、防災心理学など。

岩堀卓弥（いわほり　たくや）【3章3節】
京都大学防災研究所・大学院情報学研究科博士課程在学中。関心のある研究テーマは、防災教育、サイエンスコミュニケーションなど。

竹之内健介（たけのうち　けんすけ）【4章】
三重県所属。京都大学大学院博士課程修了。博士（情報学）。関心のある研究テーマは、気象情報の社会利用。

李　旉昕（り　ふしん）【5章】
台湾出身。京都大学防災研究所特定研究員。京都大学大学院情報学研究科社会情報学専攻博士後期課程修了。博士（情報学）。関心のある研究テーマは、地域の災害復興、災害とメディア、防災教育など。

近藤誠司（こんどう　せいじ）【6章】
関西大学社会安全学部准教授。京都大学防災研究所非常勤講師。京都大学大学院情報学研究科博士後期課程指導認定退学。博士（情報学）。関心のある研究テーマは、災害情報とメディア、リスク・コミュニケーションなど。

現場でつくる減災学
共同実践の五つのフロンティア

初版第1刷発行　2016年3月7日

編　者　矢守克也・宮本　匠
発行者　塩浦　暲
発行所　株式会社　新曜社
　　　　101-0051　東京都千代田区神田神保町3-9
　　　　電話（03）3264-4973（代）・FAX（03）3239-2958
　　　　e-mail : info@shin-yo-sha.co.jp
　　　　URL : http://www.shin-yo-sha.co.jp
組　版　Katzen House
印　刷　新日本印刷
製　本　イマヰ製本所

© Katsuya Yamori, Takumi Miyamoto, editors.
ISBN 978-4-7885-1466-9 C1036　2016 Printed in Japan

———————— 新曜社の本 ————————

ワードマップ 防災・減災の人間科学 いのちを支える、現場に寄り添う	矢守克也・渥美公秀 編／ 近藤誠司・宮本 匠	四六判288頁 本体 2400円
アクションリサーチ 実践する人間科学	矢守克也	A5判 288頁 本体 2900円
発達科学ハンドブック7 災害・危機と人間	日本発達心理学会 編／ 矢守克也・前川あさ美 責任編集	A5判 320頁 本体 3400円
呼び覚まされる霊性の震災学 3・11 生と死のはざまで	金菱 清（ゼミナール）編／ 東北学院大学震災の記録プロジェクト	四六判200頁 本体 2200円
震災メメントモリ 第二の津波に抗して	金菱 清	四六判256頁＋口絵16頁 本体 2400円
3・11慟哭の記録 71人が体感した大津波・原発・巨大地震	金菱 清 編	四六判560頁 本体 2800円
大震災からのこころの回復 リサーチ・シックスとPTG	長谷川啓三・若島孔文 編	四六判288頁 本体 3400円
人狼ゲームで学ぶ コミュニケーションの心理学 嘘と説得、コミュニケーショントレーニング	丹野宏昭・児玉 健	A5判 168頁 本体 1700円
越境する対話と学び 異質な人・組織・コミュニティをつなぐ	香川秀太・青山征彦 編	A5判 400頁 本体 3600円
ワードマップ フィールドワーク 増訂版 書を持って街へ出よう	佐藤郁哉	四六判320頁 本体 2200円

＊表示価格は消費税を含みません。